孫 楷 第 文 集

元曲家考略 録鬼簿(批校本)

中 華 書 局

圖書在版編目(CIP)數據

元曲家考略 録鬼簿(批校本)/孫楷第著. —北京:中華書局,
2021.9
(孫楷第文集)
ISBN 978-7-101-15333-0

Ⅰ.元… Ⅱ.孫… Ⅲ.①元曲-劇作家-考證-中國②元曲-戲劇文學史-史料 Ⅳ.①K825.6②I207.37

中國版本圖書館 CIP 數據核字(2021)第 173439 號

書　　名	元曲家考略　録鬼簿(批校本)
著　　者	孫楷第
叢 書 名	孫楷第文集
責任編輯	郭惠靈　李碧玉
出版發行	中華書局 (北京市豐臺區太平橋西里 38 號　100073) http://www.zhbc.com.cn E-mail:zhbc@zhbc.com.cn
印　　刷	北京瑞古冠中印刷廠
版　　次	2021 年 9 月北京第 1 版 2021 年 9 月北京第 1 次印刷
規　　格	開本/850×1168 毫米　1/32 印張 6¾　插頁 50　字數 120 千字
印　　數	1-1500 册
國際書號	ISBN 978-7-101-15333-0
定　　價	65.00 元

孫楷第先生

孫楷第文集出版緣起

孫楷第(1898—1986),字子書,河北滄縣人。1922 年考入北平高等師範(即今北京師範大學)國文系,期間,師從楊樹達、黄侃、黎錦熙等學者,深受乾嘉學派的影響。1928 年畢業後留校任教,兼中國大辭典編纂處編輯。後任北平圖書館(即今中國國家圖書館)編輯,並先後兼北京師範大學、輔仁大學、北京大學等校講師。抗戰勝利後,任北京大學、燕京大學教授。1953 年,由北京大學調入新成立的中國科學院文學研究所(即今中國社會科學院文學研究所)任研究員,工作直到去世。

孫楷第先生是中國現代小説戲曲研究的開創者和奠基人。從二十世紀三四十年代起,他就着力研究中國通俗小説和戲曲,先後出版了日本東京所見中國小説書目(1932)、大連圖書館所見中國小説書目(1932)、中國通俗小説書目(1933)、也是園古今雜劇考(原名述也是園舊藏古今雜劇,1940)等著作,其深厚的樸學功力和開創性的學術成就,得到學術界的公認。建國後,孫楷第先生仍潛心學術,先後出版了元曲家考略(1952)、滄州集(1965)、滄州後集(1985)。這些著作蜚聲學界,其資料多爲學者所稱引,其見解早爲學界所熟知,已經成爲文學研究的經典性作品。但是,多年以來,這些著作散見各處,搜羅不易;有的斷版已久,難以尋覓。因此,爲孫楷第先生編訂文集,彙編其所有著作,已成爲學術界的迫切需要。

孫楷第先生一生以“讀書”“寫書”爲志業,心無旁騖,一意向學。即使在抗戰時期和“文化大革命”時期,其學術工作多受干擾,仍不改初衷,專注學術。在勤於著述的同時,孫楷第先生還注重修訂充實舊作,精益求精。如元曲家考略始撰於二十世紀四十年代,1949 年開始陸續發表,結集初版於 1952 年,增訂再版於 1981 年;直到去世,他仍然在做補充修改。也是園古今雜劇考,1940 年初版問世之後,孫楷第先生在至少六個本子上做過精心細緻的修改,並先後寫過三個跋語,還專請余嘉錫先生作序。滄州集,初版於 1965 年,直到去世前,孫楷第先生在多個本子上反復校訂。“文化大革命”期間,孫楷第先生的上萬册藏書和文稿損失殆盡,其中包括反復校訂修改的著作原本。之後雖多方努力,苦苦追求,仍未能尋回,成爲孫楷第先生的終生憾事。藏書散失後,孫先生更下決心,要盡餘生之殘力,將畢生著述出版一份定本,以反映自己一生苦心孤詣的學術探索。可以説,出版文集,是孫楷第先生的心願。

從 1982 年開始,中國社會科學院文學研究所的楊鐮先生即在孫楷第先生的指導下,着手協助其收集散佚的藏書、整理數百萬字的著述。戲曲小説書録解題、小説旁證兩部著作在孫先生身後的 1990 年和 2000 年得以出版問世。整理孫先生文稿的工作,得到文學研究所歷届領導的重視,特别是在 2006 年——孫先生去世二十周年之際,文學研究所學術委員會通過決議,爲研究孫楷第先生的學術思想,整理孫楷第先生的文集,成立了專門的課題組,由楊鐮先生主持。同時,由於得到孫先生哲嗣孫泰來的通力合作,社會各界熱心人士的協助,孫先生在“文化大革命”中散佚的文稿和有其批校的書籍,幾乎全部神奇地被重新找到,爲整理工作奠定了基礎。此次整理出版的孫楷第文集,所有著述都是依據孫先生手訂批校本和生前留下的手稿重新校訂而成，可以完整、準確地體現孫楷第先生畢生的學術成就。新發現的孫先生所著數十萬字學術回憶録與日記，將另編入孫楷第治學録一書。

當此孫楷第文集出版之際，我們對中國社會科學院文學研究所各届領導的關心支持、對楊鐮等各位先生的辛勤工作，表示衷心的感謝。

中華書局編輯部
2008 年 12 月

附筆：計劃出版的孫楷第文集，包括滄州集、滄州後集、中國通俗小説書目、日本東京所見小説書目、大連圖書館所見小説書目、小説旁證、也是園古今雜劇考、元曲家考略、戲曲小説書録解題、曲録新編、孫楷第治學録等十餘種。這些著作，囊括了孫楷第先生畢生的治學成果。尤爲重要的是，鑒於孫楷第先生生前一直對已出版作品作出修訂校改，以期不斷完善，本文集皆以孫先生手訂本爲底本，參以各項增補資料，使之可稱爲孫楷第先生畢生著述的定本，以實現孫先生晚年心願。但也正因如此，極大地增加了孫楷第文集的整理出版難度。孫楷第文集於 2008 年始已陸續推出數種，由於底本情況複雜，進度緩慢，兼以 2016 年 3 月楊鐮先生不幸因車禍於新疆驟然離世，文集的後續整理出版工作一度陷入停滯。2018 年是孫先生誕辰的一百二十周年，我們謹以新排本孫楷第文集的出版，作爲對孫先生的誠摯紀念，及對楊鐮先生的深切緬懷。

中華書局編輯部
2018 年 8 月

整理説明

元曲家考略是我國小説戲曲研究家孫楷第先生早年的學術成果，亦是孫楷第先生學術代表作之一。全書分爲甲、乙、丙、丁四稿：甲稿收元代曲家二十三人，其中六人考略有增補條目；乙稿收元曲家二十四人；丙稿收二十一人；丁稿收十七人。總計八十五人。孫先生遍檢歷代圖書，反復論證考辨，於多位元曲家姓字、身世、作品等久懸疑案，頗得正解。本書甲、乙稿一九五三年初版於上海上雜出版社，一九八一年上海古籍出版社再版，收入甲、乙、丙、丁四稿。本次收入我局孫楷第文集，即據孫先生手批自校一九八一年上海古籍出版社本録排。先生於此自校本多所訂補，其改正録排錯誤者，徑改入正文；無法徑補之其他校訂文字，補入相應頁下作“補注”。引文對核原出處改正誤字，無據者不改；節引語氣完足者保留原貌不予擅補。孫先生有手批曹寅楝亭藏本録鬼簿（揚州詩局重刊本）一種，朱、墨、橙、藍四色精校，尤可見先生爲學勤苦嚴謹，兹特爲原本影印，以饗讀者。此曹本新編録鬼簿原文亦録附之，用字一依原本，以便對勘。

中華書局編輯部

二〇二一年八月

目　　録

元曲家考略①

①編按：孫先生於此目後注曰："四藁共八十五人，戊藁十八人嗣出。"又於是書内夾浮簽一紙曰："我的元曲家考略，有一九五三年上雜出版社印甲乙二藁本；有一九八一年上海古籍出版社印甲乙丙丁四藁本；有戊藁底本。上雜出版社甲乙二藁所載諸人傳，曾於一九四九年、一九五〇年在燕京學報發表。上海古籍出版社四藁本之甲乙二藁諸人傳與上雜本同，唯石子章傳已重作，收入丁藁；丙丁二藁諸人傳曾於一九五八年至一九六三年分五次在文學研究、文學評論發表。而白仁甫傳以發表者僅一小部分，未收入。戊藁底本在十年内亂中有損失，存者當原稿十分之七。"惜此次整理，戊藁仍未見，未能收入。

録鬼簿

元曲家考略

甲　藁

撖　彦　舉

天一閣本録鬼簿上前輩名公篇有闞彦舉學士。録鬼簿此篇所録多名人，唯闞彦舉之名稱僻。今據王惲秋澗大全集、郝經陵川集、虞集道園學古録考其事蹟。

秋澗大全集卷四十九員先生傳爲同州人員炎作，而附載彦舉事。略云："撖舉字彦舉，亦陝人。少爲里嗇夫。初不解文字。一日，忽能作詩，吐奇怪語，皆古人所未經道。及中元冬，見余於燕市酒樓。浮大白，忻甚，曰吾有以贈子。其詩有'氣凌太華五千仞，詩繞國風三百篇'之句，醺酣中惜不全憶。嘗謁得楮幣若干，醉過里井，即投其中，曰爲爾俾余區區若此，奚用爲！其狂易如是。後客死保塞，殯西南門外。揭曰：'詩人撖某墓。'詩三卷，號函谷道人集。好事者刊行於世。"（今行秋澗集，此傳文多缺誤，姑依原文節録之。）保塞宋縣名，即元之清苑縣也。中元冬謂中統元年冬。此爲彦舉作傳者也。

道園學古録卷五田氏先友翰墨序，稱大德七年彰德田師孟緝其先友手翰爲一卷。中有彦舉書。且疏其事蹟云："撖舉，字彦舉，關東人（金史二十五地理志陝州靈寶縣有關東鎮），不羈，詩有律。”田師孟名衍，蒙城人。由中書掾歷官禮吏部主事，兵刑部員外郎，知河中府。與趙孟頫最厚善。見松雪齋文集卷九田師孟墓誌銘。能畫，圖繪寶鑑卷五有傳。此因重其人而保存其墨蹟者也。

陵川集卷十五有同闞彦舉南湖晚步詩四首，有送闞彦舉詩一首，皆絶句。卷二十四與撖彦舉論詩書云：“昨得足下詩一卷，瑰麗奇偉，固非時輩所及。然工於句字而乏風格。近世爲辭勝之詩，莫不惜李賀之奇，喜盧仝之怪，賞杜牧之警，趨元稹之豔。又下焉則爲温庭筠、李義山，謂之‘晚唐’。鬭飣排比而以爲工，驚嚇喝喊而以爲豪。不復知有李杜蘇黄，又焉知三代性情風雅之作哉！足下之作不爲不工，不爲不奇，殆亦未免近世辭人之詩。願熟讀三百篇及漢魏諸人。唐宋以來，祇讀李杜蘇黄。盡去近世辭章。數年之後，必非復‘吴下阿蒙’矣。”所以規之者甚至。此與彦舉討論文字者也。

以上所引諸書，天一閣本録鬼簿作“闞”。明正德丁卯本陵川集，詩作“闞”，文作“撖”。餘俱作“撖”。考廣韻卷三檻韻“撖”音胡黤切。注云：“姓也。姓苑云河内有之。”卷四闞韻闞音苦濫切。注云：“魯邑，又姓。”是“撖”“闞”二姓，音讀亦異。秋澗、伯常、師孟等與彦舉爲友，必不誤書其姓。天一閣本録鬼簿作“闞”，蓋鈔書人習知有“闞”姓，而“撖”姓較稀，因易“撖”爲“闞”。至曹楝亭刊本録鬼簿作“閻彦舉”，則又由“闞”字轉寫爲“閻”，其誤益甚。不可不辨也。

奥敦周卿

傳鈔天一閣本録鬼簿上前輩名公篇有奥殷周侍御。陽春白雪姓氏篇、太和正音譜群英樂府格勢，均有奥敦周卿。奥敦，女直姓；周卿是字。天一閣本脱“卿”字，又誤“敦”爲“殷”。其失甚矣。按白仁甫天籟集卷下有詞涉周卿。其調爲木蘭花慢。題云：“覃懷北賞梅，同參政楊丈西庵和奥敦周卿府判韻。”“覃懷”謂懷州，元初，爲懷孟路，延祐後爲懷慶路。河朔無梅，惟懷孟有梅，風景妍麗，號爲“小江南”。以其北倚太行，氣候較他處爲暖也。西庵乃楊果號。果字正卿，祁州蒲陰人。金正大甲申登進士第，仕爲偃師令。金亡仕元。世祖中統二年，拜參知政事。及例罷，猶詔與姚樞等日赴省議事。至元六年，出爲懷孟路總管。以前嘗爲中書執政官，移文申部，特不署名。是年，以老致政，卒於家。元史卷一六四有傳。仁甫此詞，當作於至元六年果爲懷孟路總管時。其呼以“參政”，不曰“總管”或“太守”者，重其爲舊執政也。周卿是時，蓋爲懷孟路總管府判官。其後爲侍御史，故天一閣本録鬼簿以侍御稱之。

元張之翰西巖集卷七有贈奥屯僉事周卿詩。詩云：

> 聞道揚鑣出帝京，此心嘗到鄴南城。共傳筆正如心正，獨愛詩聲似政聲。六月隕霜寃已散，五原飛雨獄初平。繡衣本忘埋輪後，賴有當時慕藺名。

詩稱“繡衣”，知爲憲僉。稱“鄴南”，知僉河北河南道提刑按察司事。鄴南即彰德。元河北河南道提刑按察司，至元中曾於彰德置司①，見西巖集卷十四送王侍御河北按察使序。稱“慕藺”，以之翰字周卿，與奥屯同字。奥屯爲僉事，當在至元六年爲懷孟路判之後。奥屯周卿即奥敦周卿也。

---

①補注：“至元十五年十月庚午，詔移河南河北道提刑按察司治南京。”

王 元 鼎

天一閣本録鬼簿上前輩名公篇有王元鼎學士。太和正音譜群英樂府格勢亦有王元鼎，在“傑作一百五人”中。其曲則太平樂府卷一録其蟾宫曲桃花馬一首，卷三録其凭闌人閨怨二首，卷五録其醉太平寒食四首。詞林摘豔卷七録其商調河西後庭花一套。詞皆流美。輟耕録卷十九“妓聰敏”條記順時秀事云：

> 歌妓順時秀，姓郭氏，性資聰敏，色藝超絶，教坊之白眉也。翰林學士王公元鼎甚眷之。偶有疾，思得馬版腸充饌。公殺所騎千金五花馬取腸以供。至今都下傳爲佳話。時中書參政阿魯温尤屬意焉。因戲謂曰：我比元鼎如何？對曰：參政宰相也。學士才人也。燮理陰陽，致君澤民，則學士不及參政。嘲風詠月，惜玉憐香，則參政不及學士。參政付之一笑而罷。郭氏亦善於應對者矣。

事又見夏伯和青樓集“順時秀”條。余所閲明鈔説集本青樓集，較通行本此條尚多元鼎初見順時秀時作詩一首。詩云：“郭外尋芳景物新，順溪流水碧粼粼；時時啼鳥催人去，秀領（嶺）花開别是春。”詩雖不佳，乃元鼎詩之僅存者。亦可紀也。詞林摘豔所選元鼎河西後庭花套，有小序引萬花集亦載順時秀事，而誤作“莘文秀”。“阿魯温”作“阿魯”。且謂河西後庭花套即元鼎嘲莘文秀之作。不知確否。李開先詞謔云：“曩遊鄠縣，王渼陂使人歌一套商調詞，試予評之。予曰：此不難評，可比涎涎鄧鄧冷眼兒睃，杓杓答答熱句兒浸。渼陂曰：君所指乃王元鼎嘲娼婦莘文秀者。以此擬彼，將以之爲元詞乎？”“涎涎鄧鄧冷眼兒睃”，即元鼎河西後庭花套首句也。今明正德本盛世新聲所附萬花集無此條。蓋删餘之書,非原本矣。

順時秀字芳卿,一作順卿。行二,人稱“郭二姐”,乃元時大都名倡。高啟高太史大全集卷八聽教坊舊妓郭芳卿弟子陳氏歌云:“文皇在御昇平日,上苑宸遊駕頻出。仗中樂部五千人,能唱新聲誰第一? 燕國佳人號順時,姿容歌舞總能奇。”此稱其藝也。張昱輦下曲云:“教坊女樂順時秀,豈獨歌傳天下名;意態由來看不足,揭簾半面已傾城。”此稱其色也。據高啟詩,知順時秀文宗時隸樂部。然輟耕録卷四“廣寒秋”條,稱“虞邵庵學士集,在翰苑時,宴散散學士家,歌兒郭氏順時秀者唱今樂府。其折桂令起句云:‘博山銅細裊香風。’一句而兩韻,極不易作。”云云。散散北庭人,官翰林侍讀學士,與吴澄在翰林國史院同僚相善。澄在京師曾爲其父潔實彌兒作神道碑,見吴文正公集卷三十二。至治三年,詔學士散散集善書者寫浮屠藏經。敕澄撰序,澄辭,見虞集撰臨川吴先生行狀。泰定二年澄歸臨川,散散寄書問學。今吴文正公集卷八有回散散學士書,乃泰定三年作。由是知散散官侍讀在至治泰定間。順時秀與之同時,亦必爲至治天曆間人。是時方在華年。其與順時秀密之王元鼎,亦當於斯時爲翰林學士也。

諸書書元鼎姓皆作“王”。余則疑其人姓玉,不姓王。請以吴文正公集卷六玉元鼎字説證之:

> 學者阿魯丁,以玉氏,以元鼎字。其先西域人也。始祖玉速阿剌,從太祖皇帝出征,同飲黑河之水,爲勳舊世臣家,名載國史。今其苗裔乃能學於中夏,慕周公孔子之道,可謂有光其先者矣。以其字而請教訓之辭。予語之曰:鼎者重大之器。其在於易,巽下離上之卦爲鼎。蓋取卑遜於内文明於外之義。卑遜者近德之基,文明者進學之驗。進德在

> 於克己以變氣質;進學在於窮理以長識慮。氣質變而若下巽之遜;識慮長而若上離之明。此所以成其重大之器也。元鼎讀大學論語,其習所謂窮理克己,豈俟他求哉?於二書格言,實用其力而已。筆之爲元鼎字説以贈。

據元史吴澄傳,澄至大元年爲國子監丞。皇慶元年陞司業。謝歸。元國子學生員,據元史選舉志所載,大德十年定蒙古色目漢人生員二百人。至大四年,定生員額三百人。元鼎蓋以至大皇慶間入國子學,從澄受業,澄因其請而爲此文。元鼎西域人,姓玉。元代著書人當知之。以其字與"王"字極相近,刻本鈔本遂誤爲"王"。余以吴文正公集訂之,似可信也。

趙孟頫松雪齋文集卷六有古今歷代啟蒙序,爲王元鼎作。略云:

> 金陵王君元鼎,取自三皇五帝以來事蹟,編爲四言,又韻其語,欲以教童蒙,使之誦習,俾知古今。攜以見示,求爲序引。蓋自唐李翰已有蒙求矣。然不若王君所編爲包括古今,該備治亂,不悖於先儒之論議,於小學不爲無補。然余疾讀一過,猶以事蹟之繁非童子所能悉者,雖成人亦可讀之以爲歷代史記之目也。若王君之用心不既勤矣乎?敬題其卷首而歸之。

此金陵王元鼎,孟頫不言其族。余疑即輟耕録、青樓集之王元鼎,亦即吴文正公集之玉元鼎。蓋西域人而家於金陵者也,其撰古今歷代啟蒙,亦白雲平章撰歷代紀年纂要之比。

阿　魯　威

陽春白雪卷首姓氏篇有阿魯威。卷二録其蟾宫曲十六首又湘妃怨二首并題阿魯威。卷三録其壽陽曲一首，題“東泉”。太和正音譜群英樂府格勢篇亦有阿魯威，稱其詞如鶴唳青霄。其事蹟則略見於陽春白雪卷二題下注。云：“阿魯威字叔重，號東泉，蒙古氏，南劍太守，詔作經筵官。”南劍即延平路，太守乃總管雅稱。則阿魯威曾爲延平路總管。然虞集道園學古録卷三十一鄭氏毛詩序稱“余中歲備員勸誦，阿魯灰叔仲自守泉南入朝，爲同官。”乾隆泉州府志卷二十六載至治間泉州路總管有阿魯威。知阿魯威由泉州入朝，不由延平。學古録卷十一書趙學士簡經筵奏議後稱“泰定元年春，皇帝始御經筵。四年之間，任潤譯講談之事者，翰林學士吴澄幼清，阿魯威叔重。”知阿魯威爲經筵官在泰定朝。其在經筵似不久。道園遺稿卷二奉别阿魯威東泉學士遊甌越詩云：“憶昔同經幄，春明下玉除。掛冠俄去國，連舸總盛書。”詩不知何時作。學古録卷二在朝藁寄阿魯翬學士詩云：“問詢東泉老，江南又五年。”集元統元年請老。作此詩時，集猶在朝。而阿魯威寓江南已五年矣。

明徐一夔始豐稿卷十二後稿有國子助教李君墓誌銘。稱“阿魯翬公元室文獻之老，自翰林侍讀學士退居郡城之東。聞君才名，延教其子。其家多藏書，可資記覽。君爲三年留。用是學日益博矣。”李君者錢塘李昱，即著草閣集者也。據此，知阿魯威去國後居杭州。其名末字，諸書作“威”“灰”“翬”不同，譯音無定字也。

元人有稱阿魯威爲“魯東泉”者，如：張雨貞居先生集卷二有和阿魯威詩，題云：“魯東泉學士以‘多病故人疎’爲韻，賦詩五章見寄。依次用韻答謝。”朱德潤存復齋集卷九有和俞元明詩，題云：“俞元明參軍雪中以詩招飲，就和韻。時學士東泉魯公，大參叔能王公，御史子昭郭公同行。”郭子昭，汝寧人，袁桷清容居士集卷二十四有郭子昭淮東廉司經歷餞行詩序。王叔能即王克敬。克敬元統初爲江浙行省參知政事，視事五月請老。見元史卷一八四本傳。德潤作此詩當在元統元年，正阿魯威寓江南時也。阿魯威是名，而張雨、朱德潤稱之曰"魯東泉學士"，曰"學士東泉魯公"，一若其人姓"魯"者。揭傒斯揭文安公集卷九送燮元溥序，於此事有解。其言曰"元溥蒙古人，名燮理普化，無氏姓。故人取名之首字加其字之上若氏姓云者，以便稱謂。今天下之通俗也。"按：蒙古人不繫氏於名而但以名行。故傒斯云無氏姓。"魯"非首字，而人取之加於"東泉"二字之上。以"阿"字音促稱謂不便，故寧取第二字耳。

阿里西瑛

太平樂府卷首姓氏篇有阿里耀卿，及西瑛。太和正音譜群英樂府格勢有里西瑛，有阿里燿卿。"燿""耀"字同。"里"乃"阿里"省稱。西瑛乃耀卿之子。太平樂府卷一殿前歡曲里西瑛下注云："里耀卿學士之子。"是其證也。西瑛所居曰懶雲窩。自爲殿前歡曲詠之。一時名士如貫酸齋、喬夢符、衛立中、吴西逸等皆有和曲。西瑛又善吹篳篥。貫酸齋有篳篥樂爲西瑛公子詩，見元詩選二集丙集引酸齋集。以無事實不録。釋惟則有篳篥引，見元詩選初集壬集引獅子林别録。其詩云："西瑛爲我吹篳篥，發我十年夢相憶。錢塘月夜鳳凰山，曾聽酸齋吹鐵笛。我時奪卻酸齋笛，斂襟共坐松根石。西瑛篳篥且莫吹，篳篥從古稱悲栗。山僧尚賴雙耳頑，請爲西瑛吐胸臆。聲聞相觸妄情生，聞盡聲亡情自釋。公歸宴坐懶雲窩，心空自有真消息。"序云："西瑛懶雲窩距余禪室半里許，時相過從，吹篳篥以爲供。"惟則，中峰弟子。至正初傳法平江，於城東闢獅子林，有竹石亭軒之勝，倪元鎮爲繪圖。後遯跡於松江九峰間者十二年。此云懶雲窩距其禪室半里許,不知何處禪室。輟耕録卷十一"金鎞刺肉"條亦載西瑛事。云"木八剌字西瑛,西域人,其軀幹魁偉,故人咸曰長西瑛。"此名木八剌之西瑛,與曲家阿里西瑛當是一人。

孫周卿

孫周卿名,不見録鬼簿。惟太平樂府姓氏篇、正音譜群英樂府格勢有其人。太平樂府選諸家曲,間於其名下注字里,然甚略。卷一於孫周卿僅注"古邠人"而已。按:傅若金乃孫周卿婿。輟耕録卷十三"緑窗遺藁"條,載若金志其妻殯云:"君諱淑,字蕙蘭,姓孫氏。其先汴人。年二十三,歸我於湘中。五月而卒。君高朗秀惠,富貴家多求婚,父不許。及以許余,家人不悦。君曰:大人以愛子許人,必慎所擇矣。死之日,泰定五年八月廿有一日也。後三日寓殯湘中。"又引其遺藁序云:"故妻孫氏蕙蘭,早失母。父周卿先生以孝經、論語及凡女誡之書教之,詩固未之學也。因其弟受唐詩家法於庭,取而讀之,得其音格,輒能爲近體五七言。語皆閒雅可誦,非苟學所能至者。然不多爲,又恒毁其藁。家人或竊收之。既卒,家人出其藁,得五言七首,七言十一首,五七言未成章者二十六句。特爲編集成帙。題曰緑窗遺藁。序而藏之。"若金字與礪,臨江新喻人。弱冠游湖南,宣慰使阿榮招延於家,賓主吟詠不輟。久之,薦爲岳麓書院直學。即棄去。里人范梈遇之於武昌,賞其詩賦。若金北行,梈爲書介之於虞集。至京師,名日重。元統二年,群玉内司丞鐵柱,丞相掾智熙善使安南,以若金爲輔。使還,授廣州儒學教授。至正二年卒,年四十。見蘇天爵滋溪文稿卷十三元故廣州路儒學教授傅君墓誌銘。據若金文,孫氏之先爲汴人,與太平樂府所記不合。然以樂府所録孫周卿曲考之,則曲家孫周卿固曾客湘者。卷一蟾宫曲漁父云："浪花中一葉扁舟。到處行窩，天也難留。去歲蘭江，（水經注卷三十五：江水逕下雉縣，又東右得蘭溪水口，竝江浦也。按：蘄州有蘭溪。樊川集三有蘭溪詩，原注：在蘄州西。）今年湘浦，後日巴丘。"寄友人云："憶湘南冷落鷗盟。木落庭（亭）臯，滿院秋聲。歸興動江神斂容。客情多山鬼知名。"卷二水仙子舟中云："孤舟夜泊洞庭煙，燈火青熒對客船。"其敍事明白如此，似不可謂之偶合。故余疑傅若金婦翁孫周卿，即曲家孫周卿。太平樂府作古邠人，蓋"邠""汴"聲近，"邠"乃"汴"字之誤耳。

石　君　寶

録鬼簿上前輩才人篇，於石君寶但云"平陽"人，無他語。天一閣本載賈仲明弔詞，亦但集君寶所撰雜劇名爲詞。知仲明於君寶事實無所知也。按元初有石琖君寶，與王惲父友善。秋澗集有文二首記其事。其一在卷五十九。文爲文通先生墓表碑陰先友記。云："石盞德玉字君寶，蓋州人。性至孝，與人交愷悌篤信義。嘗與友共事，惡其不直，遂絶而不較。""文通先生"者，惲父天鐸，金户部主事。卒於蒙古憲宗七年丁巳。惲爲父撰墓表，復記其父友四十餘人事於碑陰，爲碑陰先友記，用唐柳宗元撰先君石表陰先友記例也。其二在卷六十。文爲洪嵒老人石琖公墓碣銘。銘有序，記君寶事更詳。惜今通行本秋澗集此文多闕字。今節録於下：

> 公姓石琖氏，諱德玉，字君寶，遼東蓋州人。疏髯炯目，氣骨臞清，超然如萬里之鶴。貞祐初，以良家子□（字缺，疑是"從"字）軍，積勞至武德將軍。北渡後□□相衞間。母杜

氏。公天性能孝，班衣垂白，朝夕孺慕。時杜壽登八秩，清脩絶葷。庭間□（字缺，疑是“生”字）白菌百餘本，掇去復茁者數月。人以爲孝感所致。嘗種竹當户。或謂太迫。曰：“待其藂茂，秋霽月之時，俾清樾透簾，爲此君寫真耳。”其清澹如此。晚年，游心命書。人有問必以□己安分爲答：“能此，不待孤虚相旺，吾言自有徵矣。”丙子，公年八十有五。嘗繪“共山歸隱圖”以自歌其□樂，因自號共喦老人。是歲冬，灑然而逝，若委蜕焉。孺人劉氏，能遂公初心，主治中饋，不知其爲貧家也。生女子二人。長適御史康天英，次適河東道提刑按察使姜彧。家府與公交款曲，篤世契三十年，一别終天，有恨何如！尋步入街西故里，眄睞竹樹，慨然有聞篴懷人之愴。老淚濡毫而有斯作。

序云“君寶卒於丙子歲”。丙子當是世祖至元十三年。君寶婿康天英，字國才，相人，見秋澗集卷八十中堂事記上。紫山大全集卷十二有寄康國才御史書，秋澗集卷九十一有薦前御史康天英狀，即其人也。姜彧字文卿，萊陽人，家濟南。平李璮有功。至元中官河東山西道提刑按察使。卒於至元三十年癸巳。趙孟頫爲作墓誌銘。見松雪齋文集卷八。元史卷一六七有傳。據序，彧妻乃君寶次女。而趙孟頫撰彧墓誌銘，云夫人侯氏先公三十年卒，不云“石盞氏”。蓋君寶女乃繼配。彧歿時，其婦“石盞氏”猶存，故不及之。“石盞”，亦作“赤盞”，乃女真白號姓，見金史百官志。

君寶善畫竹，見元夏文彦圖繪寶鑑。圖繪寶鑑，今有津逮秘書本，上虞羅氏宸翰樓叢書仿元本。二本“君寶”皆作“君實”。卷五云：“赤盞君實女真人，居燕城。畫竹學劉自然，頗有意趣。”劉自然真定祁州人。兵後居燕。工畫墨竹禽鳥。亦見圖繪寶鑑。秋澗集卷六有墨竹歌,自注:“爲共嵒處士石盞公作。”詩云:“吾生愛竹兼嗜石,手不能畫漫成癖。得君此畫忽灑然,元氣淋漓障猶濕。月中看竹掃秋影,妙得於心發之筆。興來落紙出意表,擬學湖州滅形迹。”詩與寶鑑赤盞君實畫竹之言合。知寶鑑赤盞君實即石盞君寶無疑。君寶姓石盞不姓石。而余以爲即録鬼簿之石君寶者:女真氏族皆複姓,譯爲漢姓,則皆單姓。而元人於女真人每不稱其漢姓,但取女真複姓之一字呼之。元人書中,此例不少見;即在秋澗集中,亦有其例。如卷五十九文通先生墓表,記爲文誄文通者,有單侍講公履,即徒單公履;有烏宣慰貞,即烏古論貞;有石處士德玉,即此字君寶之石盞德玉。是其證也。王惲謂石盞君寶蓋州人,而録鬼簿載石君寶爲平陽人,亦似不合。余則謂金平汴宋後,諸猛安多内徙。其襲猛安或籍隸某猛安者,雖居内地已久,而仍稱本貫。君寶之先,蓋由蓋州徙平陽;故王惲撰碑文以爲蓋州人,而録鬼簿以爲平陽人也。

李 文 蔚

録鬼簿上有李文蔚,在前輩才人篇。注云:“真定人,江州路瑞昌縣尹。”太和正音譜稱李文蔚之詞“如雪壓蒼松”。故書所記只此,其他事無徵。余按白仁甫天籟集卷上有奪錦標詞,題爲“得友人王仲常、李文蔚書。”其一友與曲家李文蔚同名。當是一人。仲常乃王思廉字。思廉,真定獲鹿人。幼師元好問。至元十年,以董文炳薦入仕。歷事世祖、成宗、武宗、仁宗四朝,延祐七年卒。年八十三。元史有傳。此詞前疊云:“孤影長嗟,憑高眺遠,落日新亭西北。”知詞在建康作。仁甫至元十七年庚辰始卜居建康。知詞作於十七年卜居後。是時仲常已爲翰林待制矣。後疊云:“誰念江州司馬淪落天涯?青衫未免沾溼。夢裏封龍舊隱，經卷琴囊，酒尊詩筆。”封龍山在真定元氏縣。金之耆老如元好問、張德輝、李治北渡皆曾遊此，時人號曰“龍山三老”。李治晚年，且卜居山下。仁甫與仲常文蔚，蓋嘗從諸老於封龍山，故詞今及之。

遺山全集卷三十癸巳歲寄中書耶律公書（“中書耶律公”即耶律楚材。蘇天爵國朝名臣事略卷五耶律文正王篇引遺山此書，稱遺山元公上公書云云。是其證。）有孟津李蔚。蔚字慶之，遺山同舍生，有子字正甫；見續夷堅志卷一“刀生花”條，卷四“相字”條。正甫能詩，遺山全集卷一有送詩人李正甫詩，甚許之。此字慶之之李蔚，與曲家李文蔚無涉。

李　致　遠

録鬼簿無李致遠。樂府群玉卷二載李致遠小令二十餘首，太平樂府卷七卷八載李致遠套數三首。元曲選癸集還牢末題李致遠。太和正音譜稱李致遠之詞“如玉匣昆吾”。知致遠在元亦一作家。而始末不詳。惟元仇遠金淵集卷二有和李致遠君深秀才詩，似即此李致遠。其詩曰：

平生意氣隘九州，直欲濯足萬里流，詎期功名坐蹭蹬，不意歲月成繆悠。防閑擬鑄鐵門限，牽挽忽作金瀨遊。棲巢未穩烏鵲月，歸夢已熟鱸魚秋。可人喜接一日雅，此地拚作三年留。説詩解字屢握手，感時懷古頻搔頭。天上仙應無懵者，眼中客復有此不？家聲久識南北阮，筆力眇視大小歐。我方得友頗慶快，子亦固窮忘怨尤。蹄涔乃使鯨鯢伏，拳石難與嵩岱侔。紛紛嗜好異齊瑟，磊磊肝膽呈吴鉤。有材未遇政何損，知爾不薦終當羞。須笑即今仕宦人，嚅唲言貌如伶優。若爲田園足以活，與爾水火不相求？一瓢陋巷誓不出，孤雲野鶴心自由。斯文將興天未喪，遊子纍纍徒隱憂。

遠世祖至元中嘗爲溧陽教授。此詩有"牽挽忽作金瀨遊"句，金瀨正指溧陽。玩詩意似致遠即溧陽人，至元中與遠交甚契，同爲不得意人也。

趙　文　敬

曹楝亭本録鬼簿上前輩才人篇有趙文殷。注云："彰德人，教坊色長。""文殷"，明鈔説集本作"文英"。傳鈔天一閣本作"敬夫"。太和正音譜作"明鏡"。天一閣本"敬夫"乃"文敬"之誤。賈仲明補弔詞云："教坊色長有學規，文敬超群衆所推，樂星謫降來彰德。"詞本注文，作"文敬"不作"敬夫"。證一也。正音譜云："娼夫異類托姓，有名無字。趙明鏡訛傳'趙文敬'，非也。自古娼夫如黄番（幡）綽、鏡（敬）新磨、雷海青之輩，止以樂名稱之，亘世無字。"所論雖非，然作"文敬"則與賈仲明弔詞同。證二也。以是言之，其人蓋名"文敬"，以形近而訛爲"文殷"。"文殷"又以音近而訛爲"文英"。其根腳如録鬼簿所記，不能詳考。然元胡祗遹紫山大全集卷七有贈伶人趙文益詩，卷八有優伶趙文益詩序。趙文益當即陽春白雪姓氏篇之趙文一。其人與趙文敬皆名連"文"字，疑是兄弟行。詩今不録，録序文於下：

後世民風機巧。雖郊野山林之人亦知談笑，亦解弄舞娱嬉。而况膏腴閥閲、市井豐富之子弟，人知優伶；發新巧之笑，極下之歡，反有同於教坊之本色者。於斯時也，爲優伶者亦難矣哉。然而世既好尚，超絶者自有人焉。趙氏一門，昆季數人。有字文益者，頗喜讀，知古今，趨承士君子。故於所業，恥蹤塵爛，以新巧而易拙，出於衆人之不意，世俗之所未嘗見聞者。一時觀聽者多愛悦焉。遇名士，則必求詩文字畫。似於所學有所自得，已精而益求其精，終不敢自足，驕其同輩。

序不言文益何處人，余意即彰德人。祇遹磁州武安人，而家於彰德，見葛邏禄迺賢河朔訪古記。祇遹於文益，蓋不惟賞其藝，亦有鄉里之雅，故屢以詩文贈之。所謂"趙氏一門，昆季數人"，中宜有文敬。祇遹爲文益撰詩序，當在至元時。以祇遹卒於元貞元年也。

李直夫

録鬼簿上前輩才人篇有李直夫。注云："女直人，德興府住，即蒲察李五。"考金之西京路有德興府，領六縣。元初因之，領四縣。至元三年改爲奉聖州，領二縣，隸宣德府。後至元三年改爲保安州，領一縣永興，仍隸宣德府。則直夫里貫，從元末言之，乃保安州人也。繆荃孫編藕香零拾本元明善清河集卷二有贈李直夫詩二首。其一題送湖南李直夫憲使。詩云："君去湖南我上京，思君欲見又蕪城。滄波留月能歸海，江雁拖雲不到衡。一代豪華誰遠識？百年驚畏護靈名。好來不作男兒事，有水可漁山可耕。"詩題稱"湖南李直夫憲使"者，蓋謂直夫官湖南憲使，非謂直夫是湖南人也。元詩題類此者多，不足爲異。其二題寄直夫。詩云："嶽雲低接使君舟，湘水無波桂樹稠。井洌自涵千古月，絃清誰寫一簾秋？青楓路暗空多夢，白雁天遥不見愁。聞説匡廬當税駕，策勳殊未到滄洲。"按明善二詩雖爲直夫作，而頗饒文外意，感慨殊深。詩中地名，又有蕪城。疑此二詩乃明善坐受張瑄米免官僑寓淮南時作。朱清、張瑄得罪，在成宗大德六年。而窮治不已，元史成宗紀於大德八年，猶書禁錮朱清、張瑄族屬事。其間因受朱、張賄罷官者，有宰相伯顔、梁德珪等八人，因貸朱、張鈔被劾者，有御史中丞董士選。明善免官，亦當在此際。如余説果當，則明善作詩送直夫當在大德末至大初。直夫是時爲肅政廉訪使，乃至元延祐間人也。

李　壽　卿

録鬼簿上前輩才人篇載“李壽卿，太原人，將仕郎，除縣丞。”余以元人集考之，其名一見於吴文正公集，再見於安熙默庵集，三見於元淮金困集，四見於蒲道源閑居叢藁。四家所記蓋非一人。今具引於下：

吴文正公集卷二十四順堂記云：“魏郡李壽卿之子郁暨弟顯，率群弟以事親，左右無違。京兆蕭維斗以‘順堂’名其居，蓋取中庸‘父母其順矣乎’之義。”此大名路之李壽卿也。

默庵先生文集卷二壽李翁八十詩序云：“翁名椿，字壽卿，本維揚故家。國初北渡，客雲朔間。轉徙至真定藁城之西管鎮。始以陶爲業。中年以後，買田力穡，不二十年，爲里巨族。余以羸疾來居，且幸以詩書教其鄉人子弟。翁請余處其別館，而使其孫興宗執几杖之役。歲久而翁不余厭。翁長家君一歲，故余以父執事之。”序作於大德十年丙午，而翁年已八十，則翁之前半生爲宋人。此真定路藁城縣之李壽卿也。

金困集有爲王直卿所作詩，叙云：“己丑春，廉五總管李壽卿公出溧陽，酒邊，稱頌尚書省掾王直卿父母在堂，齊年八十，此乃人之罕有者。屬予即席賦詩以詠其美。”元淮以世祖至元末爲溧陽總管。己丑乃至元二十六年。此至元時之李壽卿爲總管者也。

閑居叢藁卷十二有酹江月詞,注云:“次李壽卿侍西軒先生九日賞菊。”此亦李壽卿。而詞泛詠季節,不能據以知其人。卷十八送李壽卿之成都路知事序,則略有事蹟矣。其言曰:“客有爲余言:益爲西蜀都會。其總治之府,必得少年明鋭、辯博通濟之士爲之僚屬,相與議論其是非,彌縫其闕失,然後可濟。余曰:居官者不患乎職業之不脩,但患吾心之未正。心正則本立。本立則事變之酬酢,如權度之於輕重長短焉。而又勇以決之,謙以出之,勤以成之,尚何敗事之有?或者不求其本而規規於事爲之末,將見利未得而害已隨,尚能謀人之是非而補其闕失耶?今友人李壽卿適爲賓幕於彼,款門告别。余因叙向者與客問答之辭,書以爲贈。壽卿信而敏,和而文,其往也將不負余言矣。”序所云李壽卿,與詞注之李壽卿當是一人。此大德延祐間之李壽卿爲成都路總管府幕僚者也。

吴文正公集、默庵集所書李壽卿里貫,皆與録鬼簿不合。金囦集、閑居叢藁所載李壽卿今則不知爲何許人;不知中有曲家李壽卿否?

孔　文　卿

録鬼簿上前輩才人篇記孔文卿但云“平陽人”,不詳其始末。賈仲明所補弔詞云:“先生准擬聖門孫,析住平陽一葉分。”此謂文卿乃南宗聖裔,蓋第就録鬼簿文疏通之,於文卿事亦無所知也。按元黄溍撰金華黄先生文集卷三十九有溧陽孔君墓誌銘,即爲文卿作,於文卿行誼言之極詳。今録其文於下:

君諱學詩，字文卿。六世祖按，自魯徙吴。曾大父灊，又自吴徙溧陽而占籍焉。大父應祥，始務治生産，以殖其家。父庭秀，以謹厚克承先業。有子二人，君其次也。至元乙亥國朝取宋之師至金陵。寓公趙待制淮起兵溧陽，被執，不屈而死。君年甫十有六，竊自念曰："彼大臣子且有位序，死固其所。蚩蚩之氓，安知天命所歸。徒死無益也。"乃贊其父率衆詣軍門，鄉井賴之以完。主帥奇之，因挾以北上，欲薦於大府，俾效官使。君之父適遣人以物色，訪得君所在。君慨然曰："吾獲爲太平民，終養其父母，幸矣。奚以官爲？"懇辭得南還。君持身以正，家法甚嚴，而濟之以恩。伯兄蚤世，撫其遺孤如己子，中分田廬，擇其美者授之。族姻里黨之窮乏，必加周卹，而不以爲德。它可便於鄉鄰者，無不致其力。大德丁未之饑，食其餓者，瘞其殍死。天曆己巳荐饑，亦如之；且傾廩粟以助官府之弗給。法當得官，有司將上其名於銓曹。君謝曰："吾以有餘補不足爾，豈藉是榮吾身哉？況以入粟而賞官，何榮之有？"識者尤用敬服。君嘗大書"性"字於座右，謂人曰："能循性之自然，則無入而不自得矣。"人因稱之曰"性齋"云。君卒以至正元年二月十四日，享年八十有二。

據墓誌，文卿六世祖自魯徙吴，其曾大父又自吴徙溧陽而占籍。則文卿一房自南宋以來未嘗居温州。録鬼簿謂文卿平陽人，不免有誤。然温州平陽之孔，元時實有徙家溧陽者。趙孟頫松雪齋文集卷六闕里譜系序，稱"孔文昇之十二世祖檜，唐同光間避亂，自闕里來居温州之平陽。文昇父始家於杭。宋德祐末又家建康。至元二十八年，文昇喪父，家貧累重，不能復歸温州。既又娶於溧陽，就外氏以居。遂爲溧陽人。"文昇字退之。子齊，即撰至正直記者也。是溧陽孔氏出於平陽者，乃文昇，非文卿。鍾嗣成撰録鬼簿，其上卷諸人姓字，得之陸仲良，陸仲良又得之吴弘道。殆弘道編次時不暇細訪，誤認溧陽孔氏咸出平陽，遂以文卿爲平陽人也。

文卿有東窗事犯劇。天一閣本録鬼簿注文卿此劇正名二句，與元刊本同。疑元刊本所録即文卿本。又注云“楊駒兒按”。楊駒兒乃樂工。其女楊買奴，見青樓集。張小山今樂府前集有楊駒兒墓園詞。元人作東窗事犯劇者，尚有金人傑。見録鬼簿下。明郎瑛七脩類藁卷二十三云：“余嘗見元之平陽孔文仲有東窗事犯樂府，杭之金人傑有東窗事犯小説。”“文仲”乃“文卿”之誤。謂金人傑作小説則未詳也。

李　時　中

曹楝亭刊本録鬼簿上前輩才人篇有李時中。注云：“大都人，中書省掾，除工部主事。”不云歷官在何朝。天一閣本無此注，而所載賈仲明弔詞云：“元貞書會李時中、馬致遠、花李郎、紅字公，四高賢合捻黄粱夢。”以時中與致遠同爲成宗時人。然今傳致遠散曲中吕粉蝶兒套爲至治改元作，已有“至治華夷一統應乾元九五龍飛”之語。致遠既值英宗時，則時中亦不必爲成宗以前人。余以元人集考之，則蘇天爵滋溪文藁，張以寧翠屏集，王沂伊濱集，成廷珪居竹軒集，均有詩文爲時中作。翠屏集卷三送李遜學獻書史館序云：

曹南李時中教授，有志士。嘗兩辟省臺掾，輒棄去，慕漢朱雲，尚友古時豪傑人，著江居集自見。每酒酣，慷慨，泣數行下，慕賈誼、唐衢。既沈鬱不克施，則捐千金，聚經若史諸書數萬卷，以遺諸子，慕丁度、劉式。曩余聞嘗奇之。來淮南，讀張仲舉氏所爲文，信然。今朝廷有詔脩宋遼金三史，遣使購前代異書江淮間。其子敏出父所藏宋逸史，爲卷若干，獻之館。有司韙其志，驛送以聞。

翠屏集卷二有送李遜學獻書北上詩，當與此序同時作。滋溪文藁卷五曹南李時中文藁序云：

客有示余文一編者，讀之辨博宏衍，若無涯涘，蓋本諸經以爲辭，非空言以自詭者也。余極問之。曰曹南李時中所作。余曰：宜其然。蓋時中少學於藁城王祁京甫。京甫則臨川吴先生之高弟子也。初，宣慰使珊竹公延導江張氏於儀真，誨其子弟。張氏歿，復延吴先生爲之師。故真揚間學者甚盛。京甫既傳其師說，開門授徒，時中尤知名於時者也。嗚呼，昔宋之季，文日以弊，而江淮俗尚武俠，儒學或未聞也。國家既一四海，儒先君子，作而興之，獨以經術訓諸其人，宜其講授淵源之有自歟？時中爲人沈潛縝密。讀書刻苦，不急一時之譽，而譽自彰。久之，大臣有知其賢者，薦之於朝。得爲校官。又辟掾行省。不樂俯仰，輒棄去。蓋昂然特立之士也。延祐至治間，吴先生兩被召命入朝，（澄延祐五年入朝，五月次儀真，疾作不復行，至治三年入朝，五月至京師。）道出真揚，館於時中之家。時中受教益多。惜乎蘊其才能，弗克表見於世。予官淮東，（天爵後至元五年由禮部侍郎出爲淮東道肅政廉訪使。）訪求士之賢者，得數人焉。時中其一人。每歎去世之蚤，不得與之講所學也。後之讀其文者，尚及識時中之志矣夫！

據天爵、以寧文，知時中曹州人，家於揚州。藏書甚富。爲吴澄再傳弟子，而亦及事吴澄。江居集今佚。遜學即敏字也。

"珊竹",蒙古氏。其人漢名介,字仲清,國語名拔不忽,官至江東宣慰使,至大元年卒。姚燧爲作江東宣慰使珊竹公神道碑,見潛研堂金石文跋尾卷十八。"導江張氏"即張𩓐,蜀爲蒙古所陷,寓浙,師金華王柏,爲朱子之學。入元,官建康路教授,孔顏孟三氏子孫教授。晚歸儀真,依珊竹介以居,介善遇之。大德六年壬寅卒,年六十七。吴澄爲作墓碑,見吴文正公集卷三十七。元史卷一八九儒學傳有傳。王祁本滕安上弟子。以北人寓揚州。大德七年春,吴澄自京師歸,五月至揚州;因受業。見吴文正公集卷九滕司業文集序,危素臨川吴文正公年譜。

伊濱集卷八有寄李時中詩。詩云:

> 津亭官樹葉黄時,把酒船頭話别離。待詔依然窮索米,還家何事悔看棋?空憐鬢髮驚秋早,豈有文章結主知?書到淮南又摇落,定將佳句慰相思。

沂字思魯,真定人,居汴梁。延祐二年進士,歷官翰林待制國史院編修官,國子博士,至正初,以禮部尚書,爲修宋遼金三史總裁。至正末猶存。元史不爲立傳。四庫全書伊濱集提要,據文集自述所考如此。此"寄李時中"詩,乃未達時作。

居竹軒集卷二有憶李時中詩。題爲吴中五日追念故友李時中李欽嗣有感而作爲時中生忌。詩云:

> 夢繞南岡北嶺雲,一杯無計灑松筠。世間我豈長貧者?地下君爲不死人。夜雨自荒張祜宅,秋風誰鄣庾公塵。于今友道俱凋喪,落日江湖淚滿巾。

此詩甚悽惋。讀之,可知其與時中友誼之深。廷珪揚州人。至正中避地居吴中,後卒於松江。好學不求仕進,惟以吟詠自娱,亦孤介士也。

滋溪文藁卷四燕南鄉貢進士題名記，載真定學録有李時中。張鉉至正金陵新志卷六官守志①，載江南諸道行御史臺監察御史有李時中。注云“儒林（省郎字），泰定元年上”。不知與曹南李時中是一人否？

李好古

李好古名見録鬼簿上前輩才人篇。太和正音譜群英樂府格勢評其詞“如孤松掛月”。今行曹楝亭本、天一閣本録鬼簿於李好古但記其里貫，無事蹟。且所記里貫有三説。曹楝亭本注云：“保定人，或云西平人。”天一閣本注云：“東平人。”歧異如此，將何從乎？余按好古西平人，曾官南臺御史。可以許有壬至正集、楊維楨東維子文集證之。

東維子文集卷十九竹近記云：

> 吾里姚生智，以其近者在於竹而名其讀書齋。書“竹近”之扁者，實南臺御史李公好古，與生爲忘年之友者也。李公由南端羽儀於天朝。生陛而上之，吾見生之獲近清光於天子已。書諸室爲記。

末署“至正八年十一月二十八日”。由是知好古由南臺入朝，必距八年十一月不遠。其官南臺當在六年八年之間。

至正集卷二十二有七言律詩一首，涉李好古。詩題爲和原功釣臺寄李好古韻。詩云：

> 延祐求賢致太平，朝陽曾記鳳凰鳴。百年世路傷離合，

① 編按：“官守志”，原誤作“官師志”，孫先生於自校本此處訂正，並作補注：“丙藁高文秀、丁藁吴仁卿并作‘金陵新志六官守志’，託宿白兄查金陵新志，知原書作‘官守’，不作‘官師’。”

一代斯文係重輕。江海相忘添白髮，山林高蹈奈蒼生。可人幸遇吾鄉彥，袖得清風入帝城。

原功，歐陽玄字。玄集經亂散佚。今行明成化刊十六卷本圭齋文集，無有壬所謂"釣臺寄李好古"詩。然以有壬和詩考之，卻知玄原詩作於至正六年。何以知之？釣臺在浙西桐廬縣。玄一生仕宦不在浙西，其蹤蹟至浙西，可確知其時者二次：一在至治三年秋，是時玄爲太平路蕪湖縣尹，以校江浙考試卷來杭州，見圭齋文集卷九貫公神道碑。一在至正六年，是年除福建閩海道廉訪使，行次浙西，疾復作①。因請致仕。見危素撰圭齋先生行狀。其第一次來浙西，年五十許，無乞致仕事，與有壬詩"山林高蹈"之言不合。至第二次以赴福建廉訪使任，經過浙西，則年七十餘，以疾致仕還鄉。與有壬詩合。故知釣臺詩必是至正六年作。余疑得玄六年寄詩之李好古，即竹近記之李好古。以據竹近記，李好古官南臺，正當玄除福建廉訪使南下之時。不必同一時期與玄友者，恰有兩李好古也。如余所說不誤，則有壬詩可以解矣。"延祐求賢致太平"，謂玄擢延祐二年進士第也。"山林高蹈奈蒼生"，謂玄至正六年休致也。"可人幸遇吾鄉彥，袖得清風入帝城"，謂玄六年出都南下，經集慶遇好古，復自浙西寄詩。八年好古攜其詩入都也。其目好古爲"吾鄉彥"，似不可解。然亦有說。有壬先世居潁，後徙湯陰。李好古籍貫，據曹楝亭本録鬼簿之又一說，爲西平人。據元史地理志，汝寧府所領縣有西平，州有潁州。有壬本貫是潁州，即與好古同爲汝寧人。其稱好古爲吾鄉彥固宜。然則好古信西平人。今圭齋文集卷十四有題西

① 補注："玄次浙西，疾復作，請休致，作南山隱居，有終焉之志，復拜翰林學士承旨。十七年春乞致仕，以中原道梗，欲由蜀還鄉，帝復不允。是歲十二月戊戌，卒於崇教里寓舍，年八十五。"

平李氏族譜四言詩一首，必是歐陽玄應好古之請而作者。天一閣本録鬼簿作“東平人”，“東”字乃“西”字之誤也。

至正集卷二十二尚有題李好古浴雪齋詩。與前詩李好古當是一人。詩云：“廚傳蕭然閱歲華，守官何暇及生涯。浴兒肯用人間水？束組旋融天上花。自是蒼黄時便手，卻成清白世傳家。勉旃好應豐年瑞，更篤忠貞玉不瑕。”黄玠弁山小隱吟卷下有詠竹柏圖詩。題云：“竹齋學士竹柏圖，得之李好古。”玠，慈溪人，卜居吴興，與趙孟頫遊。所稱李好古，與至正集李好古似亦是一人。據詩，圖乃李衎所繪。衎字仲賓，號息齋道人，大都人，官至集賢大學士，善畫竹石。詩題“竹齋學士”，“竹”疑“息”字之誤。光緒畿輔通志卷二十八職官門載至正中樂壽尉有李好古。似與御史李好古非一人。元樂壽縣屬河間路獻州。

蕭德祥

蕭德祥録鬼簿下有傳。云：“名天瑞，杭州人，以醫爲業，號復齋。”元歐陽玄圭齋文集卷六有讀書堂記，爲蕭德祥作。記云：

> 廬陵蕭尚賓，爲醫十有一世。六世祖子信，能屬文，善胡忠簡公。公予田贈金，辭。薦以官，又辭。問所欲。則曰：“富貴非所願，但得世世子孫讀書立身，以廣活人之功，則亦足矣。”忠簡笑曰：“君所謂薄於利而厚於德者乎？”書“讀書堂”三大字以遺之，使以勗其後人焉。至其大父震甫，號竹軒，又繹其説曰：“醫道由儒書而出，非精於義理者不能。舍儒而言醫，世俗之醫耳。”尚賓之父德祥，乃拓室之東偏作讀書室，揭忠簡公之扁以志其先訓焉。尚賓遊京師，具顛末謁余，爲之記。

此文蕭德祥，與録鬼簿蕭德祥姓字同，業醫又同，似非偶然；惟貫廬陵爲異。忠簡乃宋胡銓謚。銓亦廬陵人也。

元吉安王禮麟原後集卷六有存竹堂記，記蕭德祥事，較圭齋集讀書堂記爲詳。文摘録於下：

> 余至東昌，客有從余登蕭氏之堂。余問：堂以“存竹”名，竹惡在？客曰：非是之謂也。蕭氏祖德祥能守厥考竹軒居士之業，猶竹軒未亡。嘉之者以“存竹”稱也。然則其詳可得聞乎？曰：當在宋也。德祥之五世祖子信職醫，獲交於忠簡胡公。公餽之金，錫之田，薦之官。俱弗受。問所欲。曰：但願子孫世世讀書足矣。公嘉其志，大書“讀書”二字顔其堂。至居士能守此訓，以不隤其世業。德祥又能繼其志，潛心於學，明理於醫。遠近疾病者咸歸之。證論可爲與否，或當至劇乃愈，或可不療自愈；後皆如其言。全活者衆，而未嘗責報於人。貧乏者與藥，不問直，侑以米炭薑棗濟之。士大夫謂其能以竹軒之心存心，非徒存其遺訓而已。謂之“存竹”也實宜。初仕廣州惠民藥局提領，還韶州醫學教授。以壽終於家。平居惟延師教子爲先務，世慮澹然。雖出入權貴之門，未嘗干以私。

東昌即永和。元吉安有永和鎮。吉安即廬陵也。讀此文知德祥仕於廣州、韶州，而終老於家。余初疑德祥先居廬陵後徙杭州。今知其非是。然録鬼簿何以以蕭德祥爲杭州人？此可有兩種推測：一、廬陵蕭德祥曾挾其術遊杭，緣客杭甚久，鍾嗣成撰録鬼簿遂逕目爲杭州人。二、元有兩蕭德祥，俱業醫。其貫杭州者是曲家。近葉君德均告余，謂蘇平仲文集卷十二江浙行中書省參知政事周公墓誌銘有蕭天瑞，至正二十一二年，在平陽周嗣德幕，爲都事，曾隨詔使入貢。此人蓋嘗爲吏者，與録鬼簿業醫之言不合。疑尚非曲家蕭德祥也。不敢斷定。姑取諸家所記並書之。

張 小 山[①]

曹楝亭本録鬼簿卷下有張小山傳，云：

> 張可久，字小山，慶元人，以路吏轉首領官。有今樂府盛行於世，又有吴鹽、蘇堤漁唱。

"以路吏轉首領官"，天一閣本作"路吏轉陞民收領官"（"收"疑"務"字之誤。"領"字上脱一"首"字）。明李開先張小山小令序云："小山以路吏轉首領，即所謂民務官，如今之税課局大使。"按：務官與首領官不同。務官掌收税，即宋金所謂監當官。首領官之稱，宋金已有之，如都事、經歷、知事等，掌省署文牘，元人謂之佐幕；以其控轄屬曹，故謂之首領官。開先似謂務官即首領官，其言殊不清晰。今特正之。

小山曾爲桐廬典史，見錢惟善江月松風集。集卷七有送張小山之桐廬典史詩。近人任中敏訥校小山樂府所附諸家評紀已引。任氏謂"録鬼簿成於至順元年，列小山極後，是小山之卒大

---

①補注："羅氏書二三七頁引元鄭玉師山文集四修復任公祠記云：新安城之北四十里有寺曰任公寺者，梁太守任公彦昇之祠在焉。祠廢已久……乃圖興復。四明張□□可久監税松源，力贊其成。（羅氏説：新安即今浙江遂安，松源在遂安。又引日本吉川幸次郎元雜劇研究文云'鄭玉師山先生文集卷四任公祠脩復記至正八年作'，其中有云，'四明張可久可久監税松源，力贊其成'，重'可久'二字，似張可久字可久。）〇鄭玉字子美，徽州歙縣人。門人受業者衆，學者相與即其地構師山書院以處焉。不仕家居，以著書爲事。至正十七年，大明兵入徽州，守將將要致之，自縊死。元史卷一九六忠義傳四有傳。

"元史卷六二地理志：建德路，唐睦州，又爲嚴州，又改新定郡。宋爲建德軍，又爲遂安軍。領縣六：建德、淳安、遂安、桐廬、分水、壽昌。

"羅氏書二四一頁引趙必瑑（瑑）秋曉先生覆瓿集卷二之賀新郎用張小山韻賀小山納婦詞。趙必瑑卒於至元三十一年，按，小山生至元十七年，至元三十一年年十五歲。"

抵在泰定天曆之間。”余以李祁雲陽集考之知其不然。卷四有跋賀元忠遺墨卷後一文，乃至正末年在江西所作，記小山事頗詳。文引於下：

> 余平生宦遊，多在兩浙。元忠亦然。曩余在婺源時，浙省請預貢試。元忠適在財賦督府。歡會之情，顛倒之意，磊落豪宕，亦豈知有今日哉！卷中所書陳大卿文一篇，全述張小山詞。因記余在浙省時，領省檄督事崑山，坐驛舍中。張率數吏來謁。一見問姓名，乃知其爲小山也。時年已七十餘，匿其年數，爲崑山幕僚。遂與坐談笑。仍數數來驛中語。數日乃别。别時，復書其新詩（詞）十餘首來。其詞雅正，非近世所傳妖淫艷麗之比，故余亦頗惜之。今此詞亦不復存。

據此，知小山曾爲崑山幕僚。賀元忠，亦見元周巽性情集。卷五有送賀元忠之曲阜學正任詩。祁字一初，號希蘧，又號危行翁、不二老人。茶陵州人。元統元年左榜進士第二。授應奉翰林文字，以母老就養江南，改婺源州同知。遷江浙儒学副提舉，以母憂解職。寓吴，居文正書院。久之除江西憲。以兵革起，道梗不能之任，僑居江西之永新州。洪武初卒。見王行半軒集卷六送金汝霖還西江序，李東陽懷麓堂集文前稿卷二十二族高祖希蘧先生墓表，康熙婺源縣志。其去吴當在至正十一年十六年之間。以祁至正十一年二月，猶爲顧瑛撰玉山名勝集序；張士誠陷平江在至正十六年，而王行送金汝霖還西江序叙祁事，有“先生歸西江，吴城旋亦陷”之語：以是知之也。諸書不云祁官江浙儒學副提舉在何年。然今所見元官本宋史以至正六年刊於杭州者，其書前載中書省至正六年咨江浙等處行中書省文，及行省提調官銜名。其儒司提調官，有“承務郎江浙等處儒學副提舉李祁”。

金華黄先生文集卷十，有杭州路儒學興造記。記是至正七年作。稱"至正二年學齋燬於火。四年夏，儒學提舉班公惟志方俾執事者度木簡材，而李君祁來爲副提舉，亟命學正録直學等揆日庀工"云云。知祁官江浙儒學副提舉在至正初。至正初小山年七十餘尚爲崑山幕僚，何得以泰定天曆間卒？任氏之言誤矣。

小山以懸車之年沈淪下僚，猶不忍决然捨去，似有不得已者。張雨貞居先生集卷五有次韻倪元鎮贈小山張掾史詩云①："爲愛髯張亦癡絶，簿領塵埃多强顔。何如膝上王文度？轉憶江南庾子山。緑樹四鄰懸榻在，青山千仞荷鉏還。風流詞客凋零盡，莫怪參軍語帶蠻。""膝上王文度"，用世説新語方正篇王述及子坦之事。小山蓋有愛子。"參軍語帶蠻"，用世説新語排調篇郝隆事。措詞如此，亦可謂愛惜之至矣。

曾　瑞　卿

録鬼簿下曾瑞卿傳略稱："曾瑞卿名瑞，大興人。自北來南，羨錢塘景物之盛，因而家焉。神采卓異，灑然如神仙中人。不仕，自號褐夫。江淮之達者，歲時餽送不絶，遂得以徜徉卒歲。臨終之日，詣門弔者以千數。余嘗接音容，獲承言話，潤益良多。善丹青。能隱語小曲，有詩酒餘音行於世。"鍾嗣成親識瑞卿，故此傳記瑞卿事頗詳。王静安先生宋元戲曲考、元戲曲家小傳、曾瑞傳全襲此文，無所增益。

按：元林景熙霽山先生集卷四有孤竹齋記爲曾瑞卿作。其文云：

> 平灤在長城南，東薄海，古孤竹國也。予束髮讀書，竊

① 補注："張雨至治二年住茅山，後至元二年歸錢塘，遂不復去，至正六年卒。"

慕首陽高風，迥若天人。雖閲數百世，隔數千里，猶使人興起，況生其國者乎？燕人曾君瑞卿來昆陽，數造余門。挹其貌，冰懸雪峙，瑩然而清也。聆其論，蛟騰虎躍，軒然而異也。而又持以不矜，翼之以不倦，凡有作必屑叩予。予益奇之。一日悃款以請曰：吾家世平州，祖父皆學而仕，吾未乳而徙於燕也。念孤竹吾自出，取而名齋，以示不忘。幸子廣之。予曰：聖賢非務卓行以震斯世也。西土之養，當就則就；就不爲隨。西山之餓，當避則避；避不爲孑。適於義耳。今君生長西北，遭世隆平，非孤竹二子比。其不可離世而立於獨也。吾行吾道，凡可以廉頑立懦者，是亦"孤竹"而已矣。夫論人者必考其風土之素與其父兄師友之資。趙多俠，魯多儒。君抱耿介，雖資稟固然，亦孰非孤竹之染也歟。

此文記瑞卿字里風采性格，皆與録鬼簿合。故余斷定此以"孤竹"名齋之曾瑞卿，即曲家曾瑞卿。瑞卿家世平州，自其祖與父始居燕，乃録鬼簿所未言者。景熙字德暘，温州平陽人，即葬宋諸陵遺骨，以節義聞於世者也。唐之平州，在元爲平灤路。大德四年，改稱永平路。此文猶稱平灤，知作於大德四年以前，且持論寬博，知作文時去至元丙子已遠。以時推之，文似作於至元末元貞初。又觀其行文語氣，於瑞卿爲前輩。景熙卒至大三年，年六十九。元貞初年五十餘。如瑞卿此時爲三十餘歲人，則當生於中統初，至至順元年鍾嗣成撰録鬼簿時，年已逾七十，於嗣成猶爲前輩。故録鬼簿以"公"呼瑞卿，且云："余嘗接音容，獲聞言論。勉勵之語，潤益良多。"語謙遜之至。録鬼簿下卷所録曲家，不盡時輩；其老輩爲嗣成所識者，亦在内。曾瑞卿其一也。

瑞卿所著詩酒餘音，乃散曲總集，非專集。明李開先閒居集文之六南北插科詞序云："予少時綜理文翰之餘，頗究心金元詞曲。漁隱，太平，陽春白雪，詩酒餘音，二十四散套；張可久、馬致遠、喬夢符、查德卿，八百三十二名家；靡不辨其品類。”張小山小令後序云：“小山詞載在樂府群珠，詩酒餘音者，僅有數十曲。”可證。瑞卿工畫山水，學范寬。見圖繪寶鑑卷五。明凌雲翰柘軒集卷二有曾瑞卿所作山水圖詩。詩云：“山關迢遞野橋斜，策杖幽尋豈憚賒？路轉峰回連佛寺，鷄鳴犬吠隔人家。白雲作雨多如絮，紅葉驚風少似花。不是裼夫能貌得，空令泉石老煙霞。”雲翰字彦翀，仁和人，領至正十九年鄉薦，除平江路學正，不赴。洪武初爲成都府學教授。在任以乏貢舉謫南荒卒。雲翰由元入明，然未必及見瑞卿也。

王　日　華

録鬼簿下王日華傳，稱：“日華名曄，杭州人。體豐肥而善滑稽。能詞章樂府，所制工巧。有與朱士凱題‘雙漸小卿問答’，人多稱賞。”按日華著書有優戲録，楊維楨爲作序。見東維子集卷十一。宋元戲曲考元戲曲家小傳已引。其“雙漸小卿問答”，樂府群玉卷二選王日華樂府有之，並於“王日華樂府”題下注“錢塘南齋”。知日華號南齋。任訥校樂府群玉，附諸家傳略已引。以余所知，則日華有子名繹，字思善，善寫貌，尤長於小像。見圖繪寶鑑卷五。而輟耕録卷十一寫像秘訣序載繹事尤詳。今録其文於下：

> 王思善繹，自號癡絶生。其先睦人，居杭之新門。篤志好學，雅有才思。至正乙酉間，檇李葉居仲廣居，寓思善之東里教授。余從永嘉李五峰先生孝光往訪之。時思善在諸生中，方十二三，已能丹青，亦解寫真。先生即俾作一圓光

小像，面部僅大如錢，而宛然無毫髮異。先生喜，作文以華之。爾後，余復託交於其尊人日華暐，遂與思善爲忘年友。思善繼得吴中顧周道逵緒言開發，益造精微。是故於小像特妙，非惟貌人之形似，抑且得人之神氣。

繹曾以所著寫像秘訣並采繪法授陶宗儀，輟耕録寫像秘訣即全録其文，與卷八寫山水訣録黄公望作同例。其重繹可知也。今行明天順本倪雲林詩集附録雲林雜著，有良常張先生畫像贊，兼載雲林自記云："錢塘王生思善畫德常，時年四十二矣。德常高情虚夷，意度閑雅，顧非顧長康之丘壑置身，曹將軍之凌煙潤色，又那緣得其氣韻耶？王生蓋亦見其善者幾耳。"於思善畫不甚重視。蓋欲揚張德常，則不得不稱抑思善，非思善畫不工也。張德常名經，金壇人，寓宜興，扁其室曰"良常草堂"，以金壇有良常山也。亂後徙吴中。仕張吴爲吴縣丞，陞縣尹。又陞嘉定州同知。鄭元祐與之最善。今僑吴集卷七有張吴令像贊，亦爲經作。葉廣居一云仁和人，仕至江浙儒學提舉，所著有自得齋集。見明田汝成西湖遊覽志餘卷十二。李孝光爲繹撰文，今不見五峰集。顧逵一名達，畫山水人物，并能寫貌。亦見圖繪寶鑑五。

倪　元　鎮

天一閣本録鬼簿續編有倪元鎮傳。傳記元鎮事甚詳，而云："先大父爲道録官，嘗於常州玄妙觀塑老君并七子聽經。"則大誤。爲道録者乃元鎮之兄，非元鎮大父。道園學古録卷五十有倪文光墓碑，即爲元鎮兄作。文云：

文光姓倪氏。宋景祐中有諱顧者，自西夏入使宋，不還，徙都梁。建炎初，其曾孫益渡江至常州無錫，遂爲無錫

> 人。益生伋。伋生淞。淞生將仕郎椿。椿生炳。炳生昭奎，是爲“文光真人”。真人元貞初，授學道書院山長。去爲玄學。從餘杭王真人壽衍遊。即弓河之上作玄文館，祠老子。而事之以二尹子、亢桑子、莊子、列子。規制弘敞。玄教大師張上卿（留孫）偉之，署文光爲州道判。又進道正以領祀事。至大元年，有旨以玄元館爲觀，賜號“元素神應崇道法師”，爲住持提點。二年，宣授常州路道録。延祐元年有旨陞玄元觀爲玄元萬壽宫，仍住持提點杭州路開元宫事。（余所讀學古録，係明景泰本，此下必有脱落之文。）明年，特賜真人號，是爲“玄中文節貞白真人”，命及門而文光已遷化，天曆元年九月十四日也。

碑稱至順二年，倪瑛與其弟珽使人持張先生貞居書，來求製兄文光真人碑銘。不及瓚。然清閟閣全集卷十一載周南老撰元處士雲林先生墓誌銘，稱“元鎮十世祖碩仕西夏。宋景祐中使中朝，留不遣。徙居淮甸，占籍都梁。五世祖益渡江，定居無錫。高祖伋。曾大父淞。大父椿。父炳。”與倪文光墓碑正同。知文光實元鎮之兄。誌又稱元鎮母蔣氏而元鎮嚴出。知元鎮庶子，瑛、珽與文光俱蔣氏出，以張雨與虞集書偶未列瓚名，故集撰文光碑叙乞文事不及瓚，非漏也。録鬼簿續編作者與元鎮同時，必不誤以元鎮兄爲元鎮大父。今本録鬼簿續編“先大父”三字蓋“兄文光”三字之誤。天一閣本録鬼簿晚出，士林重之，謂勝於通行本。而其書之謬誤不可讀如此，所以必須精校也。元鎮舊家子，其人品詩畫爲時所重，至今有名。然其祖爲西夏人，今人未必盡知。故特引之。

郟仲誼

天一閣本録鬼簿續編有郟仲誼傳。略云：

> 名經，隴人，號觀夢道士，又號西清居士。以儒業起爲江浙省（原作浙江省）考試官，權衡允當，士林稱之。僑居吴山之下，因而家焉。丰神瀟灑。爲文章未嘗停思，八分書極高，善琴操，能隱語。交余甚深，日相遊覽於蘇堤林墓間。吟詠不輟。有觀夢等集行世。名重一時。所作樂府特其餘事。

傳"隴人"，當作"隴右人"。朱彝尊静志居詩話卷五云：仲誼有玩齋稿。傳不載。其他事蹟散見群書而傳不詳者，今補叙於下：

仲誼貫隴右，而柘軒集卷一題高士謙畫詩序，卷四送維揚顧伯琛序，夏節永樂二十年撰錢塘凌先生（雲翰）行述，均以仲誼爲維揚人。徐一夔始豐稿卷八送朱仲誼就養序，述仲誼之言曰："吾上世家吴陵。吾嘗渡江訪故鄉里。族人昆弟故有在者，見吾至，甚喜。爲我治田疇，闢居室，請吾歸耕。吾遊浙久，今老矣，計亦歸耕爲上。"吴陵唐縣名，即海陵。元海陵縣，屬揚州路泰州。然則仲誼海陵人也。仲誼雖寓杭州，而久客蘇、松間，所至率假館以居，故自號"鶴巢"，又號"借巢"。楊維楨東維子集卷十五有借巢記，爲仲誼作。仲誼爲浙江省考試官，亦見柘軒集。卷三有贈朱仲誼詩，題云贈朱仲誼之京師就其子啟文養。詩追述往事，有句云："棘闈校卷又相逢，風簾官燭摇秋紅。詩成不許衆吏寫，八分作字何其工。"據此，知雲翰與仲誼同爲考試官。又有詩乃入闈時作。題云辛亥歲秋簾分韻得上字。辛亥洪武四年。知仲誼於洪武四年爲浙江考試官。然考試官乃選差，非常置官也。始豐稿送朱仲誼就養序，載仲誼事尤詳。其言曰：

> 吾友朱仲誼，曠達人也。自其少時學明經，舉進士。嘗有志於世用矣。然僅小試出坐學官末座。而天下有事紛爭，一時未遇之士悉變其所學，不鬻孫吴之書，則掉儀秦之舌，以干時取寵。仲誼薄此不爲也。獨務博覽彊記以涵蓄其胸中。及天下已定，國家大收才畯而用之，而仲誼年日以老。自度無以盡其力，乃以嘗所涵蓄者發爲歌詩。緣情指事，引物連類，多或千言，少或百字，雲行水流，金鳴石應，有風人之體裁。當其秉筆運思，牢籠萬彙，摩蕩九霄，傲倪乎宇宙之内，千駟萬鍾不知其爲富也；崇資厚級不知其爲貴也。然亦坐是蹈近世所謂詩窮者。人見其酷嗜吟事，或勸之曰：此致窮具也。何自苦如此！則應之曰：吾道然也。毋預公事！

徐一夔名流，其重仲誼如此。夏節撰凌雲翰行述云："維揚朱仲誼，世號博聞，於人慎許可。過而取其文讀之，稱奇上。遂定交。"凌雲翰亦名流。節叙雲翰事，猶引仲誼張之，則仲誼之有時望可知也。貝瓊清江貝先生集卷五炙背軒記云："隴右郲君仲乂主華亭之邵氏義塾，題所居之南榮曰炙背軒。仲乂通經，善持論，有司嘗薦之春官。賦詩清麗有法，世多傳誦云。"仲乂即仲誼。蓋"誼"或作"義"而"义"誤爲"乂"。曰"有司薦之春官"，與一夔序"仲誼舉進士"之言合。由此知仲誼乃鄉貢進士。其出爲學官，非學正即學院山長。以元末下第舉人例授路府學正及書院山長也。王逢梧溪集卷五有"謝郲仲義進士寄題澄江舊藁"詩。此稱進士，亦謂鄉貢進士。詩云："釋褐平生友，郎官辟共辭。"張士誠曾辟逢爲承德郎行元帥府經歷，辭不就。見梧溪集卷四下贈王履道詩序。仲誼蓋與逢同時辭士誠辟。故曰"郎官辟共辭"也。華亭邵氏義塾,乃元統二年華亭邵天驥所創。子彌遠、彌堅繼成之。見黄溍金華黄先生集卷十。貝瓊文作於至正二十四年,知義塾元末猶存。仲誼蓋以毛詩中鄉試。故凌雲翰贈朱仲誼詩云:"注得參同只自看,仍以葩經造餘子。"

仲誼子啟文,録鬼簿續編亦有傳。云:"啟文,仲誼之子,任中書宣使。文學過人,克繼其父,亦善樂府隱語。"按啟文名旼,明宋濂宋學士文集卷三十八有贈朱啟文還鄉省親序。略云:

> 工部奏差朱旼啟文既書滿,將省親虎林山中。薦紳家多發爲聲詩。吴府伴讀王驥與啟文有連,遂以首簡請予序。惟朱氏之名家,愜輿情之所屬。棣萼既形於周雅,芝蘭遽産於謝庭。遂因文藝,上貢銓曹。雖王勃之少年,豈朱雲之可吏?廁行人於起部,期試事於薇垣。三載積勞,行將授政。一朝予告,遂得榮親。爭誇具慶,奚翅前蹤。平浦西風,催秦淮之急槳。遥天去雁,起名勝之長吟。不鄙衰孱,來徵序引。

文不紀年。當作於明初。是時仲誼在杭州。啟文以文學貢爲工部奏差。奏差吏員也。期試事於薇垣,謂將選取中書省掾。其充中書宣使,必在宋濂贈序後。至正二十四年,明太祖始置中書省,洪武十三年罷。其始省掾當仍元制,故啟文得爲中書宣使。今明史職官志内閣章,叙中書省官無宣使。蓋略之。

静志居詩話云:"仲誼元之舊臣。沐景顒編滄海遺珠,以其詩壓卷。蓋明初徙滇者。"沐景顒即沐昂。滄海遺珠今存。静志居詩話六謂昂"留情文詠,輯明初名下士官於滇及謫戍者,自郝經以下二十一家詩,目曰滄海遺珠。"千頃堂目卷三十一亦云:"沐昂滄海遺珠輯明初官於滇及謫戍者之作。"然則二十一家非盡徙滇者也(二十一家中有日本僧數人)。仲誼明初在杭州,已見上文。今更以邵亨貞蟻術詩詞選考之。詞選卷四齊天樂調，序稱："張翔南寓金陵時，嘗有寄諸詞友之作。戊申秋杪，郴仲義持示詞卷。"戊申洪武元年也。詞選卷二渡江雲調，序稱"庚戌臘月與郴仲義同往江陰"。詩選卷八舟中聯句詩載郴仲誼序，稱"洪武庚戌臘月，余與邵復孺先輩自雲間之澄江（即江陰）"。庚戌洪武三年也。詞選卷一虞美人調，序稱"壬子歲元夕，與郴仲義同客横泖（華亭）"。壬子洪武五年也。自洪武元年至五年，仲誼蹤蹟在松常間，其時無徙滇事可知。不特此也。始豐稿送朱仲誼就養序稱："歲行在午之正月，仲誼謂其常所往來者曰：吾兒以選得備任使，幸有禄食。昨日之夕，有文書至，迎吾就養。吾亦安之。勉徇吾兒之志而後歸耕，亦未晚也。"洪武時歲行兩值午。午年不知何年。然下文云："國家功成治定，制禮作樂，一剗近代苟且之習。今十有餘年矣。比聞微更前制，合祭天地，以新一代之典。竊意登歌之章亦必新之。有薦仲誼於上而任之以製作者，則勿以老爲辭。"考明史卷四十八禮志載：

> 洪武十年秋，太祖感齋居陰雨，覽京房災異之説，謂分祭天地情有未安，命作大祀殿於南郊。是歲冬至，以殿工未成，乃合祀於奉天殿而親製祝文，意謂'人君事天地猶父母，不宜異處'。遂定每歲合祀於孟春爲永制。

據此，知合祭天地乃洪武十年事。午年乃十一年戊午無疑。柘軒集贈朱仲誼詩，亦云："今春人作鳳臺行，佳兒彩服遥相迎。西子湖頭一杯酒，三疊陽關歌'渭城'。渭城自遠臺城近，碧草緑波空掩映。行行無限好江山，物色分留待吟詠。"洪武十一年，仲誼方自杭之京師，就其子敞文養，其時無徙滇事又可知。仲誼究以何時徙滇，徙滇後亦放回否，或竟無其事，余不能詳考。今但就所知者論之。

録鬼簿續編郝仲誼，他書間作“郝仲義”。“義”“誼”字通。今所見明初人集，書仲誼姓又多作“朱”。考蟻術詩選舟中聯句詩，邵亨貞續仲誼句有“及蔑繼郝盟”之語，知仲誼姓“郝”不姓“朱”。錢塘丁氏刊本柘軒集卷二有畫菜次米仲誼韻詩。此“米”字又“朱”字之誤也。輟耕録卷二十八載唐伯剛題郝仲誼小像云：“七尺軀威儀濟濟，三寸舌是非風起。一雙眼看人做官，兩隻脚沿門報喜。仲誼云：是誰？是誰？伯剛云：是你！是你！”伯剛名志大，如皋人，善行草書，多蓄古法書名畫。至正中，官行樞密斷事官。見書史會要七，陳基夷白齋藁卷二十一贈醫學提舉張性之序。此讚語雖滑稽，而描摹盡致。今考仲誼事附録於此。

賽景初

天一閣本録鬼簿續編賽景初傳云：

> 西域人。大父，故元中書左丞。考，江浙省平章政事。公天性聰明，姿狀豐偉。幼從巎文忠公學書法，極爲工妙。文忠甚嘉之。後授常熟判官。遭世多故，老於錢塘西湖之濱。

巎文忠公即巎巎。巎巎，康里人，善真行草書。元史卷一四三有傳。此傳於景初大父、景初父，但書其官，不書其名。故其家世不可考。余讀丁鶴年集，始知景初乃賽典赤贍思丁之裔。集卷一有題表兄賽景初院中新竹詩，有贈表兄賽景初詩。第一詩題下注云：“景初故咸陽王賽典赤孫也。”賽典赤元史卷一二五有傳。云：

> 賽典赤贍思丁，回回人。世祖至元十一年拜平章政事，行省雲南。雲南俗無禮義，無秔稻桑麻，子弟不知讀書。賽

> 典赤教民播種，爲陂池以備水旱，創建孔子廟明倫堂，購經史授學。由是文風稍興。至元十六年卒，百姓巷哭。大德元年，贈"守仁佐運安遠濟美功臣太師開府儀同三司上柱國咸陽王"。謚"忠惠"。

所書贈爵，與丁鶴年詩注合。而所書贈官勳與存時歷官皆與録鬼簿續編不合。知賽典赤非賽景初大父。

賽典赤贍思丁五子。長子納速剌丁，元史附其父傳。傳云：

> 納速剌丁，累官中奉大夫，雲南路宣慰使，都元帥。至元十六年，遷帥大理。會其父贍思丁没，雲南省臣於諸夷失撫綏之方。世祖憂之。近臣以納速剌丁爲言。十七年，授資德大夫雲南行省中書省左丞。二十八年，進拜陝西行省同平章事。二十九年以疾卒。贈"推誠佐理協德功臣太師開府儀同三司上柱國中書左丞"。封"延安王"。子十二人：伯顔，中書平章政事。烏馬兒，江浙行省平章政事。

傳所書納速剌丁贈官與烏馬兒歷官，與録鬼簿續編所書賽景初祖父官合。由此知賽景初乃烏馬兒之子，納速剌丁之孫，賽典赤贍思丁之曾孫。錢大昕元史氏族表卷二載烏馬兒子有孟州達魯花赤也列失，而無賽景初。由未注意丁鶴年集也。景初曾祖追封"咸陽王"。祖追封"延安王"。其從父伯顔察兒，據納速剌丁傳，又追封"奉元王"。鶴年贈詩以爲"舊王孫"，信屬不虚。

賽景初與張憲相知。玉笥集卷五有臨安道中先寄賽景初五言古詩一首，卷九有留别賽景初七律一首。卷八有簡景初五律一首，景初當即賽景初。詩云："千里淮吴府，先登得壯侯。馬蹄開鳥陣，虎氣繞蛇矛。春酒花攢帽，秋箏月滿樓。幕賓雖老病，曾識舊風流。"憲字思廉，山陰人。仕張士誠爲樞密院都事。吴平，變姓名走杭州，寄食報國寺以死。明史文苑傳附陶宗儀傳。

據此詩,似賽景初亦曾仕張吴,爲武職。丁鶴年贈賽景初詩云:"蕭條門巷舊王孫,旋寫黄庭换緑樽。富貴儻來還自去,只留清氣在乾坤。"謂景初以鬻字爲生。詩蓋作於吴亡後。鶴年字亦曰鶴年。明史文苑傳附戴良傳。元末寓四明,不仕。貧而有守。亦回回人也。

楊景賢

天一閣本録鬼簿續編有楊景賢傳。其文如下:

> 名暹,後改名訥,號汝齋,故元蒙古氏,因從姐夫楊鎮撫,人以"楊"姓稱之。善琵琶,好戲謔,樂府出人頭地。錦陣花營,悠悠樂志。與余交五十年。永樂初,與舜民一般遇寵。後卒於金陵。

此傳所記已詳,而尚有未盡。今據他書補之。按:訥一字景言,見太和正音譜群英樂府格勢。云:"楊景言之詞,如雨中之花。"其下群英所編雜劇,又録楊景言劇二種。其一曰風月海棠亭,即録鬼簿續編楊景賢之月夜海棠亭。其二曰史教坊斷生死夫妻,即録鬼簿續編楊景賢之生死夫妻。由是知"景賢"、"景言",乃一人二字。餘書所記有與正音譜同者,如詞林摘艷卷七二郎神"景蕭蕭迤逗秋光漸老"套,題楊景言。與録鬼簿續編同者,如新續古名家雜劇本、元曲選本之劉行首,皆題楊景賢。稱呼雖不統一,實則皆是。不可疑作"景言"者非。以寧王與訥同時,必不誤書其字也。訥,錢塘人,見明周憲王煙花夢引。云:"嘗聞蔣蘭英者,東京樂籍中伎女也。志行貞烈,捐軀於感激談笑之頃。錢塘楊訥爲作傳奇而深許之。"周王與訥同時,故知訥爲錢塘人。録鬼簿續編作者乃訥之友,爲訥傳顧不書其里貫,何耶?訥善隱語,見明李開先閒居集文集六詩禪後序。開先集隱語爲書,名曰詩禪。其書序非一。後序云:"詩禪取容於東方朔,而朔實濫觴。鮑照、張可久,及我朝楊景言,皆千枝一本、千流一源者也。"又見田汝成西湖遊覽志餘卷二十五。云:"古之所謂廋詞,即今之隱語也。而俗謂之謎。杭人元夕多以此爲猜燈,任人商略。永樂初,錢唐楊景言以善謎名。成祖時重語禁,召景言入直,以備顧問。"志餘此條,甚可注意。吾初讀録鬼簿續編景賢傳,至"永樂初與湯舜民一般遇寵"。以爲景賢不過以詞章受主知,供奉詩詞耳。及讀志餘此條,乃知其受寵以猜謎,且有政治作用。文人受統治者利用,可謂無所不至矣。續編但言景賢好戲謔,樂府出人頭地,而不言其善猜謎。豈爲景賢諱耶?

補

撖彦舉

撖彦舉,元鮮于樞困學齋雜録中兩見;今知不足齋本"撖"皆誤作"撤"。其一條記彦舉出處,可與王秋澗文互證。云:

> 撖舉字彦舉,陝人。性嗜酒,工於詩。客京師十餘年,竟流落以死。同時有鄭雲表者,慕彦舉之爲人,作詩挽之云:"形如槁木因詩苦,眉鎖蒼山得酒開。"人以爲寫真云。

其又一條記彦舉詩,云:"詩人撖舉有詩集行於世。今得逸詩數篇,信手録之。"所録詩五首,具引於下:

〔無題〕

誰家金鴨暖梅魂,繡户春風半掩門。桃葉等閒留暮雨,梨花寂寞過黄昏。盤盤鸞髻堆雲影,澹澹蛾眉掃月痕。常似謝家銀燭底,鳳凰釵影落瑶尊。

〔記夢〕

千里崤函楚客行,關河西上鐵牛城。(陝州城南有鐵牛,見唐陸長源辨疑志,及蘇鶚杜陽雜編。宋陸游老學庵筆記五"成都石筍"條云:"陝之鐵牛,但望之大概似牛耳。")申湖亭下月初上,召伯堂前草自生。十里杏園紅雨暗,一條春水碧羅平。覺來半壁寒燈底,吹落風簷暮雪聲。

〔過沙井〕

沙沈石馬廢城秋,劍鉞寒生古戍樓。平日只疑無蜀道,此行何處問荆州?山連海塞從西斷,水界龍荒盡北流。一曲商歌才夜半,朔風吹雪滿牛頭。

〔遊香山〕

石棧天梯落日紅,誰開青壁削芙蓉?捫參歷井來何暮?佩玉鳴鸞更不逢。僧去古潭雲渡水,鶴陰清露月平松。世間骨相誰潘閬?誤打金陵半夜鐘。(原注:潘閬詩云:"頑童趁暖貪春睡,忘卻登樓打夜鐘。")

〔送郭佑之〕

南口青山北口雲,天涯何地又逢君?陌頭楊柳西行馬,畫角三聲不忍聞。

元詩選癸集甲員炎小傳據秋澗集附載撖舉事,而無撖舉詩。可以此補之。

施國祁注本元遺山詩集卷十四有爲撒子醲金詩。此詩全集本不收。國祁據曹益甫本補，謂撒子即彦舉。詩二首，録下：

明珠評價敵連城，棄擲泥塗意未平。十萬人家管弦裏，獨鄰金石隱商聲。

秋來聞説酒杯疏，卻爲窮愁解著書。知是還山亭上客，無衣無褐欲何如？

侯克中亦識彦舉者。艮齋詩集卷六有悼闞彦舉詩，"闞"當作"撒"。詩亦録於下：

錦繡肝腸鐵石姿，九州行遍復何之？鰲吞鯨吸千杯酒，鳳起蛟騰七字詩。竹杖打門求友日，紙衣裹骨到家時。生前死後俱飄泊，想像臨風酹一卮。

阿　魯　威

阿魯威在泰定帝朝事蹟，以元史泰定帝紀爲最詳。余近覆閲元史始知之，亟録其文於下：

泰定元年冬十月癸巳，遣兵部員外郎宋本，吏部員外郎鄭立、阿魯灰，工部主事張成，太史院都事費著，分調閩海、兩廣、四川、雲南選。(卷二十九)

泰定三年秋七月乙卯，詔翰林侍講學士阿魯威、直學士燕赤，譯世祖聖訓以備經筵進講。(卷三十)

泰定四年六月辛未，翰林侍講學士阿魯威、直學士燕赤等進講。仍令譯資治通鑑以進。秋七月甲戌，遣翰林侍讀學士阿魯威還大都，譯世祖聖訓。(卷三十)

致和元年，二月戊申，改元致和。戊子車駕幸上都。三月己丑，以趙世延知經筵事，趙簡預知經筵事，阿魯威同知經筵事，曹元用、吴秉道、虞集、段輔、馬祖常、燕赤、孛朮魯翀，並兼經筵官。（卷三十）

第一條泰定元年所書吏部員外郎阿魯灰，蓋非曲家。以虞集鄭氏毛詩序，云阿魯灰自泉州總管入朝爲翰林學士，不云爲員外郎也。自二條三年以下所書，則爲曲家阿魯威無疑。蓋在泰定帝朝五年之間始終爲翰林學士。虞集元統元年請老，在朝寄阿魯威詩有“問詢東泉老，江南又五年”之句。由此知阿魯威未嘗事文宗，其致仕蓋即在天曆元年。自天曆元年九月文宗即位時數起，至元統元年八月集致仕，恰爲五年。集寄阿魯威詩乃元統元年未離朝時作也。宋濂宋學士文集卷七十一星吉公神道碑載星吉以順帝至元二年，擢嘉議大夫太府卿。知崑山州事管某上書，誣平江路總管道童詭報歲災。帝命公察情否。初，道童以廉正治。其屬官不能堪，故誣之。且依前翰林學士阿魯灰爲援。公驗得其狀，以聞。卒坐二人罪。由此知曲家阿魯灰後至元二年且曾得罪。自此以後，出處不可知。道園學古録卷二十九歸田藁載虞集寄阿魯學士詩，伊濱集卷十載王沂爲阿魯威學士賦醉鄉詩，皆期其再出。然張雨貞居詞，水龍吟和東泉學士自壽詞云：“鐘鼎山林，同時行輩故人應少。”又云：“不須十載光陰，渭水相逢，又入非熊夢了。到恁時拂袖逍遥，勝戲十洲三島。”知作詞時阿魯威年已高，猶繫舊學士銜，似無再出之理。元史卷四十四順帝紀，卷一四四福壽傳，載至正十五年有湖廣平章政事阿魯灰，將苗軍鎮揚州，御軍無紀律，爲苗軍所殺。卷一九五伯顔不花的斤傳載至正十七年有行樞密院判官阿魯灰，引兵經衢州，軍無紀律，伯顔不花的斤逐之出境。元蒙古色目人同名者甚多。此二人必非曲家阿魯灰也。

李　直　夫

元明善送湖南李直夫憲使詩，余疑是明善僑寓淮南時作。明善爲中書左曹掾，坐誣免，僑寓淮南，見馬石田文集卷十一翰林學士元文敏公神道碑。元史本傳不載寓淮南事。神道碑不言明善何年寓淮南，故送李直夫詩，亦不能確指爲何年作。然危素撰臨川吴文正公年譜，書大德六年七年事，頗涉明善。六年書云："八月至京師。公即欲歸，河凍不可行。元文敏公朝夕奉公尤謹。大夫士多來問學。及行，元公爲詩序。"是明善大德六年猶在京師也。七年書云："春治歸。五月至揚州。江北淮東道肅政廉訪使趙公完澤，以暑熾强公留郡學。七月至真州。宣慰使珊竹公玠，工部侍郎賈公鈞[①]，湖廣廉訪使盧公摯，淮東僉事趙公瑛，南臺御史詹公士龍，及元文敏諸寓公，具疏致幣，率子弟至揚州，請公講學。"虞集撰臨川吴先生行狀載七年事亦云："先生歸，至揚州。時憲使趙公宏道及寓公珊竹公玠，盧公摯，賈公鈞，趙公英，詹公士龍，元公明善等，先後留先生，身率子弟諸生受業。"與年譜所記同。據此，知明善大德七年寓淮南。神道碑於寓淮南後，書"頃之，坐誣事明，復掾省曹。至大戊申，我仁皇帝養德東宫，選天下髦俊之士列在宫臣。公首被簡拔，授承直郎太子文學。""頃之，坐誣事明"，元史本傳作"久之，有爲辨白其事者"。戊申至大元年也。由此知明善寓淮南不甚久。其復掾省曹，當在大德十年左右。在淮南送李直夫詩，當是大德七八年

---

① 補注："元史卷一百十二宰相年表參知政事欄武宗至大三年庚戌、四年辛亥，仁宗皇慶元年壬子并有賈鈞。鈞，賈居貞子，元史卷一五三有傳，附父居貞傳。云字元播，由榷茶提舉拜監察御史，僉淮東廉訪司事、行臺都事，入爲刑部郎中，改右司郎中、參議中書省事。仁宗即位，拜參知政事，遷僉書樞密院。皇慶元年卒。不云爲工部侍郎。"

事。余前文謂明善作送直夫詩，當在大德末至大初，猶不免小誤也。

李　壽　卿

至元二十六年己丑，元淮應總管李壽卿屬作省掾王直卿父母八十詩。見金囦集。余文已引。嗣檢余所抄元詩檢目，則魏初青崖集卷二，有滕州王直卿父母八十之壽詩。滕安上東庵集卷四，有王直卿具慶八十詩。胡祗遹紫山大全集卷一，有省掾王直卿雙親皆八十詩。皆同時作。侯克中艮齋詩集卷六有王直卿父母八十五詩亦應李壽卿之屬而作者。題云：王同知直卿父母均年八十五輒解印養親李提舉壽卿索賦。詩是至元三十一年甲午作。是時李壽卿在江浙爲提舉。紫山大全集卷六，又有慶王直卿父母壽九十詩。人年九十不易，夫婦齊年九十，尤不易，是真可慶也。李壽卿與侯克中遊。艮齋詩集卷六尚有送李提舉壽卿北上詩。詩云："生平律己亦清嚴，好察真如鏡出匳。愉色奉親知幹蠱，虚心接物得撝謙。此風不已成忠厚，他日無疑舉孝廉。臨事勿令圭角露，世人多忌莫邪銛。"詩頗規之。同恕矩庵集卷十五有題李壽卿畫山水詩二首。其一云："幾家籬落枕江濆，江水澄澄日欲曛。人倚危欄娱晚景，眼隨歸棹没孤雲。"其二云："一榻塵埃兩膝穿，眼明快此覩江天。鬼工有識須嗔道：漏泄詩家句外禪。"詩頗有致。據此，知李壽卿能畫。壽卿爲總管爲提舉，必是管理財賦工匠之官。元户部、大禧宗禋院、將作院、中政院所轄，以總管提舉名者甚多。惜今不能確指其名色。余謂金囦集、艮齋集之李壽卿，即曲家李壽卿。以此李壽卿曾爲江浙總管提舉，杭州溧陽，是其宦遊之地。而今傳李壽卿臨岐柳、伍員吹簫二劇演柳翠與浣紗女事，正杭州溧陽掌故也。

李　好　古

許有壬有寄李好古詩，有題李好古浴雪齋詩。余前文已引。嗣檢青陽先生文集，卷一有送李好古之南臺御史詩（余忠宣文集卷六）。詩云：

都門相送處，旭日動蘭暉。綺樹鶯初下，金溝絮漸飛。分驂向遠道，把袂戀音徽。去去江南陌，應看滿路威。

詩作於京師。知余闕亦識其人。梁寅石門先生集卷五有送李好古御史詩，則在建康作。詩云：

秦淮垂柳翠毿毿，烏府先生發去驂。路入雲山函谷裏，夢懷雪屋大江南。漢官執法時流羡，唐代遺蹤野老談。應念西人久凋瘵，飛章先看斥姦貪。

讀此詩，知好古移西臺。寅字孟敬，臨江新喻人。至正八年戊子遊建康，臺官舉爲儒學訓導。十年庚寅辭職歸。兵作遂不出。余前推測好古官南臺在至正六年八年間。其離南臺，距八年十一月不遠。今以寅詩證之，知所推測大致不誤。許有壬題浴雪齋詩有句云："浴兒肯用人間水？"義不可曉。此詩"夢懷雪屋大江南"句下，有寅自注云："君初生時，以雪水浴之，名齋曰浴雪。"讀此注，於有壬詩始了然。好古西平人而家於江南，亦賴此詩知之。

书史會要卷七有李敏中字好古。河南人，官至陝西行省郎中，疑與御史李好古是一人。

郲仲誼

余前考郲仲誼事，不知仲誼是何學官，推測其爲學官，非學正即書院山長。然徐一夔送朱仲誼就養序，稱“仲誼曾居學官末座”。學正非學官末座。故文雖寫就流布，而終覺不安。

嗣讀愛日精廬藏書志，志卷十一元至正本戰國策題後所記，有至正十五年六月二十一日，江南浙西道廉訪司平江路守鎮分司，移牒平江路總管府文。文有“委自本路儒學教授徐震，學正徐昭文，學録郲經，不妨學務，提調校勘”之語。始知所官是平江路儒學録。真學官末座也。（今通行四部叢刊本戰國策據元至正本影印者，卷首缺此牒文。）光緒七年蘇州府志卷五十四載學録郲經至正初任。郲經下學録侯如晦至正十七年任。亦可證郲經官平江儒學録在至正中。

宋濂贈郲啟文還鄉省親序，余初不知作於明初何年。今按當作於洪武七年與九年之間。其説如下：序稱“吴府伴讀王驥與啟文有連，以首簡請予序”。王驥乃宋濂弟子，錢塘人，字致遠。洪武六年癸丑中浙江鄉試，上禮部。廷議以其年少，俾肄業國子學。未幾，選授吴王府伴讀。見宋學士集卷二十五孝思庵記，卷五十八王節婦湯氏傳。吴王乃太祖第五子橚。橚，洪武三年封吴王，十一年改封周王。見明史卷一一六。驥選授吴府伴讀，必在六年後。而濂於十年正月致仕還鄉；作此序時，尚在翰林。故知此序作於洪武七年與九年之間。

乙　藁

荊　幹　臣

正音譜以荊幹臣詞入上品，謂“如珠簾鸚鵡”。顧其詞傳於今者絶少。今所見元人編散曲總集，惟樂府新聲卷上選其正宫醉春風“紅袖霞飄彩”一套。其事亦不著。惟録鬼簿上前輩名公篇書其官，稱“荊幹臣參軍”而已。“荊幹臣參軍”，據天一閣本。明抄説集本作“荊幹臣參政”。曹寅本作“荊漢臣參政”。“漢”字“政”字並誤。任訥校本陽春白雪姓氏篇作“京幹臣”。“京”字亦誤。蓋抄校者不知荊幹臣爲何如人，故參差如此。然荊幹臣事迹非不可考也。

元李庭寓庵集、王惲秋澗大全集俱有文爲幹臣作。二書一詳其始，一記其末。可略見幹臣資歷。寓庵集卷四有送荊幹臣詩序。其文節録於下：

> 幹臣家世東營。雖生長豪族，能折節讀書，自幼年遊學於燕。燕，方今人物之淵藪也。變故之後，宿儒名士往往而在。幹臣日夕與之交，聽其議論。切磋漸染，術業愈精。一旦嶄然見頭角，遂爲明天子所知。依乘風雲，出入禁闥，積

有年矣。制司既立,首蒙選拔。躍馬從徒,出使萬里之外。聖朝威德之所及,舟車之所至,高山廣野,通都大邑,莫不周遊而徧覽焉。亦既盡天下之大觀,故其氣益充而心益壯。攄幽發粹以昌其詩,語意天出,清新贍麗,無雕鐫艱苦之態,駸駸乎作者之域矣。非才質之美見聞之廣,能若是乎?今年乘傳來長安,公務之暇,日與當途諸公把酒論文。不以不肖之老且謬,惠然見過,出示所爲詩一巨軸。披玩再三,惟知歎服。今事畢治裝將歸,諸公皆有詩以餞其行。不揆亦賦蕪鄙一章。並爲之序。

庭送幹臣詩今不見寓庵集。序稱幹臣"家世東營"。"東營"蓋謂興中州。元之大寧路興中州,即金之北京路興中府。其地在唐爲營州。此興中州可稱"營"也。元之永平路昌黎縣,即金之平州昌黎縣。昌黎縣乃遼之營州。此昌黎縣可稱"營"也。金以來人以唐營州與遼營州名相亂,於興中之得稱"營"者加"東"字以別之。金王寂有自東營來廣寧道出牽馬嶺詩。見拙軒集卷二。序又稱幹臣"出入禁闥有年。制司既立,首蒙選拔"。知幹臣以宿衛入仕。制司謂制國用使司。元史卷一七〇張昉傳云昉至元三年遷制國用使司郎中。制司專職財賦,時宰領之。倚任集事,尤號煩重。是其證也。元制國用使司,立於至元三年,七年罷。見元史卷二〇五阿合馬傳。幹臣出使萬里之外,爲鈎考錢穀也。

秋澗大全集卷二十三有送荆書記幹臣北還詩。詩有序云:

幹臣參議覆事南來,與余遇於襄國。連日道舊,契闊之懷豁如也。君素能詩。及得日本諸作,清雄奇麗,拂拂然挾海上風濤之氣,令人豈勝嘆賞。且聞駕海之舉,千載盛事。然江海之險,非丘陵可比。若以衣裳鱗介論之,任責者當以萬全爲言。因贐鄙詩，敢以略及。

詩云：

邁往凌雲見妙年，東征書檄更翩翩。萬艘瀛海參戎畫，九點齊州漫野煙。卉服終期歸禹貢，異聞無復訪脅然。舞干不作三苗舉，好爲清朝論萬全。

據詩及序，知惲作詩時征日本之議甫興。據序，知幹臣曾預征日本之役。考元征日本凡二次。其一在至元十一年。往征者爲鳳州經略使忻都、高麗軍民總管洪茶丘。洪茶丘即洪俊奇。元史卷一五四有傳。鳳州高麗州也。冬十月，入其國。敗之。而官軍不整，又矢盡，惟虜掠四境而歸。見蘇天爵國朝文類卷四十一引經世大典征伐篇及元史卷二〇八外夷傳。鳳州經略使忻都，元史卷一六六王綧傳作都元帥忽都。洪俊奇傳作都元帥忽敦。當是一人。蓋忻都以鳳州經略使爲征東都元帥也。元史外夷傳載至元十七年征東元帥忻都、洪茶丘請自率兵往討日本可證。其二在至元十八年。往征者爲日本行省右丞相阿塔海、右丞范文虎、征東行省右丞忻都、洪茶丘等。八月，風破舟。惟高麗船堅得全。遂棄師而還[①]。亦見國朝文類、元史外夷傳。而秋澗集卷四十汎海小録所記亦詳。幹臣蓋至元十一年從忻都等征日本，奏凱而還。故有詩紀之。十七年議征日本，召范文虎、忻都、洪茶丘入朝。幹臣又預其議，故因覆事南來。覆事，蓋覆察募兵簽軍之事，即元所謂體覆也。襄國，元順德路。至元中於憲司屬燕南河北道。惲至元十五年爲河北河南道提刑按察副使，改除燕南河北道。十八年，除行臺治書侍御史以去。見子公孺所撰

① 補注："元史卷十一世祖紀至元十八年詔征日本軍回。忻都、洪茶丘、范文虎諸軍，船爲風濤所激失利，餘軍回至高麗境，十存一二。"

神道碑及元史本傳①。是惲官燕南河北道提刑按察副使，正當十七年議征日本之時。其送幹臣詩，有"東征書檄翩翩"之句，詩序稱"幹臣參議"。知幹臣是時爲征東都元帥府參議也。十八年征日本之役，全軍十五萬人，歸者不能五之一。幹臣如預斯役，得從諸將還爲幸。秋澗策萬全之言，可謂有識。

幹臣所書文廟瑞芝記石刻在武安縣者，今北京大學有拓本。前題"中書省前詳定官楊威譔"，"奉訓大夫彰德路轉運副使荆幹臣書"。末題"至元八年歲在辛未正月乙未朔初五日己亥刻石"。碑文八分書，已漫漶。然乾隆四年武安縣志卷十六尚載其全文。略稱縣尹太原王長卿脩文廟正殿落成。乾拱上出瑞芝，一本九莖。耆老相告，以爲此吾宰脩文廟之應瑞。故記之。威字震亨，太原太谷縣人。家磁州。治春秋義。金末嘗從軍陜右。以勞充帥府議事官。中統初官燕京行中書省詳定官。以言事不聽，拂衣南歸。吕文焕北覲過磁，爲詩譏之，有"向使君不來，宋歷能有幾"之句。壽八十，終州教官。見秋澗集卷四十三磁州采芹亭後序及中堂事記上。今長沙重刊本潛研堂金石文字目録卷七，"楊威"作"楊成"，誤。王長卿至元八年任武安縣尹，見志卷十二。

馬　彦　良

録鬼簿上前輩名公篇有"馬彦良都事"。太和正音譜群英樂府格勢亦載其人，名在"傑作一百五人"中。蓋亦元之能曲者。而自來選曲家多不録其詞，其名字遂晦。按：彦良名天驥，磁州

---

①補注："元史卷一六七王惲傳：十四年，除翰林待制，拜朝列大夫、河南北道（即河北河南道省稱）提刑按察副使，尋改置諸道，制下，遷燕南河北道，按部諸郡，贓吏多所罷黜。十八年，拜中議大夫、行御史臺治書侍御史，不赴。十九年，改山東東西道提刑按察副使，在官一年，以疾還衛。"

人。中統元年，立行中書省於燕。彦良與胡祗遹、李謙同爲到省聽任人員。見王惲中堂事記上。後祗遹等仕俱顯，獨彦良仕蹟不著。今所見元初人集，記彦良者亦不多。惟胡祗遹紫山大全集卷五有寄彦良都事五言律詩一首。詩云："舉刺無恩怨，惟君意最公。豸冠重倚柱，臺柏凛生風。白日妖氣靜，青雲賢路通。更當思報國，洗眼薦才雄。"豸冠、臺柏，俱用御史典故。知彦良官御史臺。元初立御史臺，有典事，無都事。其改御史臺典事爲都事，自至元七年始。見元史卷七世祖紀。今祗遹此詩稱"彦良都事"，知彦良時爲御史臺都事，且詩是至元六年後作也。王惲秋澗大全集卷五有和紫山觀音堂山石詩韻五言古詩一首。題下惲自注云："彦良馬君索賦。""紫山"即胡祗遹。祗遹原詩，今紫山大全集無之。蓋今本紫山大全集自永樂大典輯出，所收詩本不全也。

王　和　卿

王和卿名見録鬼簿上前輩名公篇，陽春白雪、太平樂府姓氏篇，太和正音譜群英樂府格勢。其散曲套數偶見於正音譜及詞林摘豔中，小令則以太平樂府所選爲多。觀其詞意跌宕，洵滑稽之雄也。顧諸書但著其名而無事蹟。惟輟耕録卷二十三稱"大名王和卿滑稽佻達，傳播四方"。載其中統初以醉中天詠燕市大蝴蝶一詞。此一詞已見太平樂府卷五。又稱關漢卿與王同時，王常以譏謔加之，關不能勝。王忽坐逝，鼻垂雙涕尺餘。關來弔，乃以六畜嗓病嘲之。人因戲關云："你被王和卿輕侮半世，死後方才還得一籌。"此一事頗爲人所喜，自明以來談元曲者多引之。蓋元曲家事多不可考，輟耕録所記雖瑣事，已爲珍貴史料矣。

余始於王惲中堂事記中發見王和卿名。中堂事記者：中統元年庚申立行中書省於燕，令諸道宣慰使各上儒士吏員通錢穀者一人。惲預斯選，從事中書，因私記庚申辛酉間十三月之事爲直省日録。其後復潤色之，改題爲中堂事記。即今秋澗大全集所收者是也。事記卷上載中統元年行中書省架閣庫官二人。其一爲邊某，字正卿，德興人，經童出身。其一爲王和卿，太原人。余因讀中堂事記而得王和卿事，頗以爲幸。然檢秋澗集其他詩文，竟無一字及之，則又大失望。以中堂事記所記和卿事太略也。

繼於吴興劉氏所刊危太樸文續集中，復發見王和卿名。卷四有故承事郎汴梁通許縣尹王公墓碣銘，爲王和卿作。今録其文於下：

> 公諱鼎，字和卿，姓王氏。其先自唐時居汴。曾大父顯，金正大八年北度，至蔚州，家焉。大父大有。父行簡，以秘書監入司天臺。公生於壬寅歲九月。家占軍籍。公以褎衣峩冠，出入隊伍。主將異視之，使之賦詩，操筆輒就。請於朝，得歸農。於是益脩其業。清勤謹飭而善譽日彰。有司舉以充歲貢。給事中辟爲令史(疑當作“辟爲令史給事中書”)。操守端慤。考滿調高唐尉，涖事有治效。再調樂壽。遷將仕郎深澤主簿，曹州知事。以親年高，棄官歸養。訓諸子以學。隱居二十餘年。當道選爲汴梁路通許縣尹，兼管奥魯勸農事。公遂告老矣。延祐七年□□朔卒。得年七十有八。子男四人。第三子宏鈞，欽象大夫提點司天監事。元統元年十月癸酉葬於大都宛平縣西午村之西原。葬後二十有一年，宏鈞屬余爲文刻諸墓碣。公素樹志節，尚友古人。所居澹然簡静，不樂紛麗。燕閒獨處，事無妄動。凡世

之所爭趨者，公則恬然自安。平居多引先哲格言開論學者。里巷之是非有弗能自直者，輒求辨於公。折以片言，莫不畏服。以是稱爲長者。素始至京師，即識提點。聞其守官謹飭而奏對切直，又以知公之善教也。

和卿生壬寅歲九月。壬寅蒙古乃馬真后稱制二年也。自乃馬真后稱制二年至延祐七年，得年七十有九。今云得年七十有八，誤。和卿曾大父顯，徙家洧川。大父大有，金正大八年北度至蔚州定居。見危太樸文續集卷三大元欽象大夫提點司天監事王公壽藏碑。今碣文言和卿曾大父顯北度居蔚州，亦誤。和卿子孫多官司天監。而以子宏鈞爲最顯。宏鈞字彦舉，歷仕英宗、晉宗、文宗、順帝四朝。在至治泰定間，遭逢甚盛。和卿能爲長短句。其父行簡好學精易數，以前至元十七年入司天臺。並見壽藏碑。危素與宏鈞善，既爲作壽藏碑，又爲作傳。傳見危太樸文續集卷八。

余始讀危太樸文續集，以爲續集之蔚州人汴梁路通許縣尹王和卿，即輟耕録之曲家大名人王和卿。後讀清繆荃蓀所輯永樂大典本順天府志引析津志，知其不然。此析津志載元梁有撰元大都南城老宿名流趙汲古等小傳若干首，中有關已齋小傳。關已齋即關漢卿。讀此傳，知關漢卿卒，遠在元仁宗行科舉之前。仁宗皇慶二年十一月甲辰詔行科舉。延祐二年二月己卯朔會試進士，三月乙卯廷試進士，賜護都沓兒、張起巖等五十六人及第出身有差。其事皆關漢卿所不得見。梁有字九思，世居幽州之南城。不求聞達，教授生徒百餘人。奉母至孝。天曆間，奉敕河南北録金石刻，於濟州得漢刻九通於泗水之中。共録金石刻三萬餘通上進。其副類爲二百卷，曰文海英瀾。見元葛邏禄迺賢金臺集。（金中都舊城，元人謂之“南城”。）祖曾字貢父，號如圃，仕宦有名。至治二年卒，年八十一。元史有專傳。有所記南城諸老宿名流，其人多與有家篤世好，有幼時亦嘗至其家。及長，追記舊時見聞，爲作傳。極可信。陶宗儀元末人，博聞廣識，好著書。其輟耕録記關漢卿、王和卿軼事。云王和卿卒，關漢卿來弔，有戲謔之言。亦可信。關漢卿卒，在元仁宗皇慶二年詔行科舉之前。曲家王和卿卒，更在關漢卿卒之前。而危太樸文續集之蔚州人汴梁路通許縣尹王和卿，卒於延祐七年。明與曲家王和卿非一人。至王惲中堂事記所載太原人王和卿，中統元年爲燕京行中書省架閣庫官者，其中統元年後行誼仕蹟皆不詳。無法論定其人。亦不知此太原人王和卿與危太樸文續集所載蔚州人王和卿是一人否？①

白　無　咎

正音譜以白無咎詞入最上品，謂“如太華孤峰”。其詞見於正音譜者，卷上有鸚鵡曲小令一首，有摘自黄鍾散套之九條龍一首。見於陽春白雪者，前集卷二有百字折桂令小令一首。後集卷二有仙吕袄神急“緑陰籠小院”一套。見於樂府新聲者，卷上有雙調新水令“離情不奈子規啼”一套。而鸚鵡曲尤著。太平樂府卷一引馮海粟鸚鵡曲序云：“白無咎有鸚鵡曲。余壬寅歲留上京。有北京伶婦御園秀之屬相從風雪中，恨此曲無續之者。”壬寅大德六年。其爲時人所重如此。顧其事不顯。余讀元明諸人集始知其始末。今略述之。

無咎爲宋遺民白珽湛淵之子。其先世爲太原文水人。有名

① 補注：“壬寅年是蒙古太宗皇后乃馬真氏后稱制之二年，至世祖中統元年庚申，蔚州王和卿年十九歲。”

翼者，扈宋南渡。翼子良輔，家檇李。良輔後至珽之曾祖顯始居錢塘。珽生二子：長曰賁，字無咎；次曰采，字無華。世次據宋濂宋學士文集卷三十五湛淵先生白公墓銘。郭畀至大元年九月日記，載十七日至常州，訪白珽，值出江陰未回，子無咎、無華留飯。同無咎游太平寺，觀壁畫等事。是時珽爲江浙等處儒學提舉司副提舉，而無咎未仕。

無咎所居曰素軒。程文海有詩詠之，見雪樓文集卷二十八。袁桷爲作素軒賦，見清容居士集卷一。吴澄爲作素軒説，見吴文正公集卷四。説云："清江范梈（乾隆本誤作"亨"，今改）自京師來，稱太原白賁無咎之賢。皮溍亹亹爲余道，且言其以'素'名所居之軒。是殆庶乎能安其素者。白已仕，皮將仕，范未仕。見賢而思與之齊，一當以白君爲師。"梈大德十一年始入京師。皇慶初始爲翰林編修官。今云范未仕，知文作於至大中。云白已仕，知無咎是時已官京師。然不知爲何官。無咎曾典州郡，見范德機詩集。卷七有送白無咎太守之郡詩。詩云：

> 瀟灑中書舊省郎，排雲曾攬舜衣裳。一麾況復守名郡，萬事不如歸故鄉。馬首漸違燕闕雨，雁聲欲度晉城霜。漢廷擇相皆良吏，蚤奉潘輿謁建章。

卷二有贈白忻州詩。詩云：

> 昔年上都門，送君作太守。今年太守來，失喜狂欲走。問知郡中治，稱寃不容口。彊欲對酒歌，愁引杯去手。古來選郡監，本爲奸慝糾。豈宜肆其私，鍛錬易姸醜？幸逢賢執法，白日雲霧剖。快馬歸并汾，且以慰慈母。失身落州縣，兹事無不有。君子善奉持，凡百淑爾後。排難與解紛，吾愧魯連友。明年江之南，得寄消息否？

由卷七詩觀之，知無咎由省郎出典州郡。無咎祖貫太原文水，而所官即在冀寧路。故有“萬事不如歸故鄉”之語。由卷二詩觀之，知無咎爲忻州知州，與監郡不睦，爲監郡所謗，幾得罪。賴御史辨其誣，事得白。忻州隸冀寧路。監郡即達魯花赤也。光緒庚辰忻州志卷二十一載白賁延祐中爲達魯花赤兼管諸軍奥魯勸農事。無咎南人，無爲達魯花赤之理。以德機詩證之，益知其不然。達魯花赤必是知州之誤。然謂無咎官忻州在延祐中則大致可信。蘇平仲文集卷十三宋君墓誌銘，爲無咎婿宋允恒作。云無咎教授平陽州學，選允恒爲婿。允恒婿白氏十五年而妻歿，時允恒年甫三十四。允恒卒至正八年戊子，年四十五。以此推之，知無咎至治三年爲温州平陽州教授。宋濂撰湛淵先生墓銘在明初，記無咎官爲文林郎南安路總管府經歷。蓋無咎最後歷官也。白珽卒於天曆元年，年八十一。無咎卒，其時似距白珽卒年甚近。以録鬼簿成於至順元年，記無咎已在“前輩已死名公”中也。録鬼簿稱無咎爲學士，似無咎曾官翰林學士。然無咎官翰林，除録鬼簿外余尚未發見其他佐證。録鬼簿記曲家歷官亦不盡可據。今附記於此。無咎無子，以婿宋允恒仲子範爲後。亦見湛淵先生墓銘。

王靜安先生録曲餘談謂元有三白賁：一汴人，自號決壽老，見元好問中州集。一隩州人，白華文舉之兄，而白仁甫之伯父，見元好問善人白公墓表。一錢塘人，字無咎，白珽之子。湛淵遺稿有題子賁折枝牡丹詩，即製曲之白無咎。按靜安先生謂錢塘白賁即曲家白無咎是矣，謂元有三白賁則不然。汴白賁見中州集卷九。小傳云：“自上世以來至其孫淵，俱以經學顯。”其爲金人蓋無可疑者。隩州白賁又見遺山先生集卷二十五南陽縣太君墓誌銘。太君者賁與華之母。誌稱太君四男：賁、華、瑩、麟。女二人。賁、瑩、麟及次女皆早卒。又稱文舉既參機務而贈夫人南陽縣太君，因請某銘其墓。參機務謂華正大中官樞密院判官，贈者金贈也。由此知遺山南陽縣太君墓誌銘作於金。其時隩州白賁卒已久矣。靜安先生所云元有三白賁者，實則金有其二，元有其一，不得一律屬之元也。

梁進之

梁進之名見録鬼簿上前輩才人篇。云："大都人，警巡院判，除縣尹，又除大興府判，次除知和州。與漢卿世交。"賈仲明補弔詞云："警巡院職轉知州，關叟相親爲故友。"則漢卿謂關漢卿也。

孫德謙輯善夫先生集，載杜善夫與楊春卿書，不注出處，疑出中州啟劄。中有梁進之。其文云：

> 某頓首再拜益友。近歲有到燕城而盼睞之意甚厚，何可忘也。之純自北渡歸，文筆大進，又且位以不次。不肖以爲苟貸以十年不死，其勳業行履有不讓古人者。渠翻然謝世，幸與不幸，天下自有公論；非不肖所敢望。燕京諸君，於我亦當一挽，已於魏丈書中祝之矣。因妹夫梁進之行，敢以此見託。進之醫之翹楚，到望爲地。進之回，挽詩盈軸以望。

由此知梁進之乃杜善夫妹婿。之純乃張澄字。澄別字仲經，洺水人。金正大中，元好問爲内鄉令，澄偕杜善夫、麻信之往依之。北渡後，遊東平，行臺嚴實延教其子，授館於長清之别墅。丙午後，參實子忠濟幕府軍事，旋卒。澄能詩，所著橘軒集，元好問爲撰序，甚稱之。見遺山全集卷三十七。中州集亦有其詩，見卷八。子孔孫，字夢符，累官集賢大學士，元史卷一七四有傳。澄，善夫舊侶，北渡後，又同爲嚴氏客。所居長清，即善夫故里，蹤跡尤密。故善夫於澄之死痛惜之至也。魏丈謂魏璠。璠字邦彦，號玉峰，弘州順聖人，金貞祐三年進士，正大末官翰林修撰。金亡，北歸鄉里，後寓燕。事蹟見金史哀宗紀，梧溪集卷六題金故翰林脩撰魏公狀表詩序，元史卷一六四魏初傳。璠生金世宗大定二十一年，在金遺老中年事較高，故善夫以“丈”呼之。不惟善夫也，即遺山亦然。今遺山全集卷十有玉峰魏丈哀挽詩即爲璠作。以璠長遺山九歲也。楊春卿名時煦，號庸齋，亦字采亭，薊州玉田人。金末，避地河南。北渡後居燕。月乃合舉爲提舉河間常平事，改衞輝路勸農官。已而辭去，隱居教授二十餘年，弟子多有達者，璠孫初即其人也。至元四年起興文署丞。卒於家。性喜客，有“布衣孟嘗君”之號。一時勝流如陳時可、梁陟、魏璠，皆折行輩與之交。見元史卷一三四月乃合傳，靜脩先生文集卷二十玉田楊先生哀辭序，魏初青崖集卷五庸齋先生哀挽詩引，清繆荃蓀輯順天府志卷十引析津志名宦篇。至元名士郝經、王惲、胡祗遹，亦識其人。郝文忠公集卷二十五有庸齋記，爲春卿作。秋澗集卷十七有挽楊春卿先生詩。紫山大全集卷六有哀詩人楊春卿詩。並惋惜之。善夫此書，以進之託春卿，蓋亦深知春卿者也。靜脩文稱“玉田楊先生殁後五年，至元丙子，其子遇始與予會”。丙子至元十三年。由丙子上數五年爲至元九年壬申。張之翰西巖集卷十七鈍軒逸皓贊序（鈍軒逸皓即趙鉉，字仲器，見秋澗集卷四十八盧龍趙氏家傳），稱“至元壬申，楊庸齋嘗命爲公作芝蟾研滴詩”。蓋之翰承命作硯滴詩之年，即春卿卒年。善夫與春卿書，必在至元九年以前。然書中“魏丈”即魏璠，璠殁於蒙古海迷失后三年庚戌，書作又必在庚戌前，庚戌距金亡僅十六年，進之必由金入元者也。

王仲文

王仲文見録鬼簿上，云：大都人。賈仲明補弔詞云："仲文踪跡住金華，才思相兼關鄭馬。"甚稱之。"金華"蓋"京華"之誤。正音譜亦以仲文詞入上品，謂"如劍氣騰空"。其劇今存救孝子賢母不認屍一種。所演乃金大興尹王翛然斷案事。詞甚俊。洵爲能手。惜始末不詳。

余讀元人集，知有三王仲文。其一見道園學古録卷四十三王母龔氏墓誌銘。其人名敏學，臨川人。乃宋民之入元者。其二見謝應芳龜巢藁，卷十四有贈王仲文序。其人乃塑工，明洪武時人。此二人蓋非曲家。其三見金華黄先生集卷二十六集賢大學士榮禄大夫史公神道碑。碑爲史惟良作。仲文乃惟良之師。蓋即曲家王仲文也。惟良字顯夫，濟寧鄆城人。由吏入仕。延祐至治間官右司員外郎刑部侍郎。泰定三年拜中書參知政事。至順元年特授資德大夫中書左丞。詔脩經世大典，俾專知其事。順帝時官至集賢大學士。有集曰泛藁。元史宰相年表有其名，而不爲立傳，黄溍至正時奉勅作碑文，載其事如此。碑文稱："惟良少受學前進士王仲文。結廬城北荒棘中。攻苦食淡者五年而卒其業。甫逾弱冠，出遊京師。"惟良生前至元十年，卒至正七年。年七十五。仲文授惟良讀當在至元末，其第進士當在金末，亦由金入元者也。

王廷秀

正音譜以王廷秀詞入上品，謂"如月印寒潭"。其劇細柳營等四種，今不傳。惟詞林摘豔卷三有怨别中吕粉蝶兒"銀燭高燒”一套，題“王廷秀”。蓋散曲也。其事蹟見録鬼簿上。云：“王廷秀，益都人，淘金千户。”按：元有三王廷秀。其一見李俊民莊靖集。卷五有題王廷秀悠然軒詩。詩云：

> 小軒開後快雙明，峭拔南山立翠屏。好是晚來新雨過，白雲堆裏露尖青。

詩有致，然悠然軒不知在何處。卷四有遊石堂山詩。詩有序云：“與史正之、王廷秀、姚子昂、郭顯道、李廣之同行。”詩云：

> 雨後青山畫不如，算心人去有誰居？紫雲空鎖神清洞，不見丹崖四字書。

詩下自注云：“邢和璞算心處。歐陽文忠神清之洞。”“算心”疑當作“著書”。神清洞在嵩山。宋明道元年九月，歐陽修與謝絳等五人遊此。歐陽文忠集附録卷五所載謝絳遊嵩山寄梅聖俞書，記此事甚詳。云：“十六日出潁陽北門。訪石堂山紫雲洞。即邢和璞著書之所。山徑極險。捫蘿而上者七八里，上有大洞，廕數畝，水泉出焉。此間峰勢危絶。峭壁有若四字云：‘神清之洞’，體法雄妙。蓋薛老峰之比。諸君疑古苔蘚自成文，又疑造化者筆。莫得究其本末。問道士及近居之民，皆曰：向無此異，不知也。”四字非歐公書。俊民云“歐陽文忠神清洞”，非也。俊民字用章，澤州晉城人。金承安五年庚申經義榜進士第一。貞祐二年南渡，隱嵩州福昌及伊陽之鳴皐山。北渡，客懷州。俊民同郡人段直，以潞州元帥府右監軍領澤州，迎而師之。蒙古憲宗五年乙卯卒，年八十。見楊奂還山遺稿卷上李狀元俊民事略，劉因靜脩文集卷十六澤州長官段公墓碑銘。考莊靖集，俊民在澤州撰文，以成於丁酉者爲最早。丁酉蒙古太宗九年，距蔡州亡僅四年。由此知俊民還鄉在丙申丁酉間。其遊石堂山詩，蓋南渡隱嵩州時作。同遊者史正之，潁陽人。潁陽，宋縣；金爲鎮，在河南府登封縣。姚子昂名昪，澤州人，俊民門下士。郭顯道業醫，曾隱嵩陽。嵩陽即登封。俱見莊靖集。惟王廷秀、李廣之不詳。余疑廷秀亦家嵩州或河南府者。其人蓋於俊民爲後輩，由金入元，此一王廷秀也。

其二見劉將孫養吾齋集。卷十二有送鎮陽王廷秀廬陵縣尹序。文云：

> 鎮陽王君廷秀爲吾廬陵也，不爲赫赫名而自治辦。田里無愁嘆，上官無瑕疵，庭無留訟，獄無寃囚。暇日從學校課生徒，亦無不整一。君昔爲上猶，有政聲。自上猶歸，吾先君子須溪先生嘗誦其美。廬陵政成，爲士者將詠歌之，絃誦之，屬余爲記。君名筠，士大夫稱竹居云。

筠官上猶縣尹在元貞中，見同治南安府志卷十。此又一王廷秀也。鎮陽即真定。將孫父辰翁爲筠所撰文，今大典本須溪集無之。

其三見柯九思遊天平山記。云："至元再元之歲，江浙行省參政孛朮魯公，郡守濟南張公，偕遊是山，謁魏公之像。同遊者平江路總管府判官楊時舉思明，推官王大有廷秀（文據明翻元天曆本范文正公集所附吴中遺跡引）。"又見許有壬至順壬申國朝名臣事略序。云："蘇天爵伯脩輯國朝名臣事略十五卷。湖北憲刻諸梓。憲長篤理質班，幕府李縠、王大有，職風紀，育人材，俾觀者率作。是亦韓子所謂牽聯得書者。"此又一王廷秀也。莊靖集王廷秀，金末從李俊民遊。其人即老壽，至元貞大德間年恐近九十，決不能爲縣尹。故知養吾齋集所載真定王廷秀與莊靖集王廷秀非一人。至名大有之王廷秀，至順中爲湖北憲掾，重紀至元元年爲平江路推官者，今不知其里貫。亦不知此三人孰爲曲家王廷秀也。

王 實 甫

王實甫以西廂記得善譽。通行本録鬼簿,但記王實甫爲大都人,而不著其名,及天一閣本録鬼簿出,學者始知王實甫名德信。惜其書不記實甫事蹟與他本同,故學者雖知其名,而仍無由知其事。余於蘇天爵滋溪文藁中,偶發見王德信名。如即曲家王德信,則王實甫乃王結之父。結,元名臣也,字儀伯,易州定興人,徙家中山。年二十餘,遊京師。上執政書,陳時政八事,其言剴切。時相不能用。武宗時由宿衛入仕。歷官集賢直學士,吏刑部尚書,遼陽行省、陝西行省參知政事,中書參知政事。結性方鯁,文宗即位,左右多忌之者,譖於上。因罷政。順帝立,復拜中書左丞,知經筵事。至元二年正月卒,年六十有二。四年,詔贈資政大夫,河南江北等處行中書省右丞,護軍。追封太原郡公。謚文忠。元史卷一七八有傳。而滋溪文藁卷二十三元故資政大夫中書左丞知經筵事王公行狀載結事尤詳。行狀記其家人事云:

> 公易州定興人。伯祖某,國初帥鄉民來歸。其後管領中山人匠,因留家焉。祖逖勳,以質子軍從太祖皇帝西征,娶婦阿嚕渾氏。以公貴,贈通議大夫,禮部尚書,上輕車都尉,太原郡侯。阿嚕渾氏,贈太原郡夫人。父德信,治縣有聲。擢拜陝西行臺監察御史。與臺臣議不合;年四十餘,即棄官不復仕。累封中奉大夫,河南行省參知政事,護軍,太原郡公。母張氏,封太原郡夫人。

天爵文作於重紀至元三年,記結父母皆有封而無贈。知重紀至元三年，德信與其妻張氏猶存。度其時年至少亦近八十，可謂老壽。元史王結傳多本天爵所爲行狀，獨削德信事不書。幸滋溪文藁今存，猶可藉行狀知德信始末。不讀天爵文，固不能知德信是結之父也。結祖"遜勳"，適園叢書本天津徐氏刊本滋溪文藁皆如是作。元史作"遜勤"，云"以質子軍從太祖西征。自西域戍秦、隴。又徙中山，家焉。"亦與天爵文微異。

王實甫名德信。天一閣本録鬼簿原文作"德名信"。"德名信"三字無義。余所見寶敦樓藏抄本傳奇彙考標目卷上，有王德仲襄陽府調狗掉刀劇。王德仲下注云："大都人。一云即王實父，然文詞拙鄙不類也。"以二書互校，知標目"德仲"，"仲"乃"信"字之誤。天一閣本録鬼簿"德名"，乃"名德"二字誤倒也。元劉敏字德柔。其兄敦字德厚，弟效字德信。見遺山全集卷二十八大丞相劉氏先塋碑。

李　仲　章

李仲章見天一閣本録鬼簿上。通行本録鬼簿作"孫仲章"。注云："或云李仲章。"是仲章姓有"孫""李"二説。明初寧獻王所見録鬼簿作"孫仲章"。故正音譜稱"孫仲章之詞如秋風鐵笛"。入上品。賈仲明所見録鬼簿作"李仲章"。故弔詞云"只聞鬼簿姓名香，不識前賢李仲章"。今天一閣本録鬼簿，其所從出底本即賈仲明所據本，故逕作"李仲章"也。李仲章亦見程雪樓集。卷十五有代白雲山人送李耀州歸白兆山建長庚書院序一文，可略見仲章事蹟。其文節録於下：

> 馮翊李君仲章爲德安府判官時，予方家白雲山中。君尋亦買田築室於城西三十里白兆山之麓而居之。乃李太白

題桃花岩處，相傳太白嘗讀書於此。予既出山，君亦累遷耀州守。皇慶二年春，君赴調京師。南還，割田二頃建河南書院，乃二程先生之父作尉之邑。余語君曰：君居白兆山，非君家太白所遊歷乎？獨不可建書院爲教育之地哉？君慨然曰：此吾志也。願歸割應城田四百畝建長庚書院，聘名師教鄉里子弟以成公之命。

白雲山人即察罕，所謂“白雲平章”者也。察罕，西域班勒紇城人。自其父伯德那歸命内徙，家於解州。由湖廣行省理問改行樞院經歷。棄官，讀書孝感之白雲山。大德四年起爲武昌治中，擢河南行省郎中。大德十一年，召除僉詹事院事。進昭文館大學士太子府正。皇慶元年，拜參知政事。二年，遷平章政事。延祐元年三月引年致政。見元史卷一三七本傳；雪樓集卷十五送白雲平章序，卷十八大元河東郡公伯德公神道碑銘，卷二十河東郡公伯德公夫人李氏墓碑。仲章爲德安府判官在大德四年前，察罕棄官居白雲山時。光緒戊子德安府志卷九載李仲章皇慶元年判官，誤也。其爲耀州知州，當在至大皇慶之間，故以皇慶二年秩滿赴調京師。乾隆己亥西安府志卷二十三載元耀州知州有李仲章。不云何時任。亦失於不考。白兆山在安陸境内。馮翊即元奉元路之高陵縣。仲章貫高陵而家於德安。録鬼簿云仲章大都人，如所記非誤，即仲章曾家於燕。元之中州士人以金末遷徙及宦遊他方之故，其鄉貫常兼數郡，不足爲怪也。

仲章歸白兆山，察罕贈以序，復徵詩於京師名流。事見貫酸齋桃花巖詩序。序云：

白兆山桃花巖，太白有詩。近人建長庚書院來京師，時中書平章白雲相其成，求詩於詞林。臣李秋谷（孟）、程雪樓（文海）、陳北山（儼）、元復初（明善）、趙子昂（孟頫）、張希孟

（養浩）與僕同賦。

詩序據元詩選二集酸齋集引。酸齋所舉六人，除陳儼外，元史俱有傳。儼自云魯人，歷官曲阜教授、太常、翰林學士，預脩世祖實録。虞集道園學古録卷十二有陳文靖公謚議，爲儼作也。北山似儼自號，其字未詳。

趙子祥

正音譜以趙子祥詞入上品，謂"如馬嘶芳草"。子祥是字。録鬼簿上前輩才人篇有趙子祥，不著其名，亦不云何許人。賈仲明補弔詞云："一時人物出元貞，擊壤謳歌賀太平。傳奇樂府時新令。白仁甫、關漢卿、麗情集天下流行。"審弔詞意，似子祥曾選元詞，名其書曰麗情集。所選以元貞間人爲多，而白仁甫、關漢卿乃元貞間詞人之尤著者，故弔詞以白仁甫、關漢卿代表元貞詞人，曰："白仁甫、關漢卿、麗情集天下流行。"麗情集，今未見。

元楊翮佩玉齋類藁卷六有送趙子祥序。文云：

> 宣趙子祥以刑名世其家。子祥幼時乃能奮然秉志，從名師推明義理，爲科舉進士學。或涉塗數百里，去家彌年，其廑如一日。爲士者善之。年餘二十，復幡然從事池陽郡府爲掾曹，頗能信其素藴而立聲聞。以憂故家居三年，時復理爲舊學，纘爲時文。與朋遊談，且日號於幼時同門者曰：吏可爲也。我爲之而樂焉。詩書之效遲，固不若法律之功近也。余聞而疑之，然不敢非其説。子祥之尊府君及其諸父進爲時用而出爲身榮者，皆以刑名振揚一時。子祥之所親見也。將利其道以階顯達，忍而不能變歟？抑亦患夫仕進之途不廣，而科舉又以有司之不明廢材；今之不擇禄仕

者，殆所爲圖免後時之悔歟？夫吏識時務，而其失深刻少恩。儒以道誼自軌，而其失迂闊不切事情。今子祥混而一之，又無其失，蓋彬彬乎通達文雅矣。即以他人而子祥之從，則余見其法律之不精而詩書之易忘，一舉而兩失兼矣。今子祥釋憂從吉，復往池陽，書以爲序。

據此，知趙子祥宣城人，爲池州路吏。翮嘗寓宣城，居甚久。見佩玉齋類藁卷二清可軒記。此文蓋作於宣城者也。明宋濂宋學士文集卷四故陳夫人趙氏石表辭，亦略記趙子祥事，與楊翮所叙是一人。文云：

江西行省左右司郎中陳君敏之妻曰趙夫人，以洪武二年卒於京師之官舍。陳君之狀曰：余妻趙氏某，字某，與余同爲宣城人。其父諱熊字子祥，明詩傳訓詁學，仕爲某縣典史。典史君無嗣，獨生女子四人，而趙氏居其次。趙氏歸余十五年，得壽僅三十六而亡。

據此，知趙子祥名熊，仕至某縣典史。楊翮字文舉，上元人。父剛中，元史卷一九〇有傳，附楊載傳[①]，著霜月齋集四十卷，今佚。剛中泰定三年官江浙儒學提舉，見鐵琴銅劍樓書目卷六所載元本四書通張存中跋。天曆中官翰林待制，見佩玉齋類藁卷四送索都事赴浙東憲僉序。元詩選二集辛集楊翮小傳云剛中大德中仕至翰林待制。四庫全書佩玉齋藁提要因之。皆非也。翮初爲江浙行省掾。至正六年，官休寧主簿。歷江浙儒學提舉，遷太常博士。明太祖即位，設史局於天界寺，徵爲纂修。書成，不受職，謫死。見朱緒曾開有益齋讀書志卷五、甘熙白下瑣言卷

① 補注："元史卷一九〇楊載傳：年四十不仕，户部賈國英數薦於朝，以布衣召爲翰林國史院編修官，與修武宗實録，調管領係官海船萬户府照磨，兼提控案牘。延祐初，仁宗以科目取士，載首應詔，遂登進士第。"

六。考王逢梧溪集卷四下和楊文舉提學自壽及得孫詩有句云："幾家暮雨千江隔，十載秋風萬國貧。"是至正末年語。戴良至正二十三年至二十五年在吴。今九靈山房集卷八吴游藁，有同楊文舉提學游虎丘詩。元陳恬上虞縣五鄉水利本末，明嘉靖重刊本有至正二十二年壬寅從仕郎江浙等處儒學提舉楊翮序。見愛日精廬藏書志卷十七。知翮官提舉在至正末，距元亡不過數年。其遷太常博士，又在官提舉之後。到官與否，殊不可知。元詩選小傳據楊基眉庵集悼楊文舉博士詩有"白髮蒼髯老奉常，亂離終喜得還鄉"句，謂翮卒於洪武初。大致可信。惟不知享年若干。然後至元丙子陳旅序其集，稱翮"貌碩齒富，仕塗方開"。"碩"即衛風碩人之"碩"。丙子後至元二年。斯時翮固猶在壯年。翮之壽如以七十計，當生大德中，小於楊維楨者且十歲。宜維楨序其集，以前輩自居也。其在宣城撰送趙子祥序，亦不知在何時。然佩玉齋類藁卷三送韓廷玉入燕序，卷四送王照磨遷湖北序，並是天曆間在宣城作。廣信吴復興、起季，是客宣城者，見類藁卷八下宜之四詠倡和序。而復興跋翮集在元統乙亥，即重紀至元元年。由此知天曆元統間，翮在宣城。今翮集中絶少天曆以前文。其撰送趙子祥序，蓋即在天曆元統間。是時子祥年三十許。子祥生當在大德末，與翮爲儕輩。子祥如老壽，亦入明矣。

黄　子　久

黄子久爲吏獲罪，事見録鬼簿下黄子久傳。云："子久先充浙西憲吏，以事論經理錢糧，獲直。後在京爲權豪所中。目今棄人間事。""獲直"，賈仲明弔詞作"獲罪歸"。疑當從之。亦見梧溪集。卷四上題黄大癡山水詩，有自注云："子久嘗掾中臺察院，會張閭平章被誣，累之。得不死。遂入道云。"二書所記不盡同。合而觀之，似子久先爲浙西憲吏，以經理錢糧獲罪歸。起爲中臺察院掾。忤權豪。其人藉張閭平章事中傷之，將置之死地。二書一詳其前，一詳其後，實則皆是，非異也。然因梧溪集知子久獲罪與張閭平章有關。"張閭"，元史卷二十五仁宗紀作"張驢"，卷一一二宰相年表作"章閭"。其經理田糧事，見元史卷九十三食貨志。志記此事始末云：

> 延祐元年，平章章閭言："經理大事，世祖已嘗行之。但其間欺隱尚多，未能盡實。以熟田爲荒地者有之，懼差而析户者有之，富民買貧民田而仍其舊名輸税者亦有之。由是歲入不增，小民告病。若行經理之法，俾有田之家及各位下寺觀學校財賦等田，一切從實自首；庶幾税入無隱，差徭亦均。"於是遣官經理，以章閭等往江浙，尚書你咱馬丁等往江西，左丞陳士英等往河南。仍命行御史臺分臺鎮遏，樞密院以軍防護焉。然期限猝迫，貪刻用事。富民黠吏並緣爲姦，以無爲有虚具于籍者往往有之。於是人不聊生，盜賊並起。其弊反有甚於前者。仁宗知之。明年，遂下詔免三省自實田租二年。

張驢奉命經理江南田糧，在延祐元年十月。由中書平章爲江浙行省平章，在延祐二年三月。見仁宗紀。宰相年表載章閭以延祐元年十月罷平章，誤。元年十月，乃遣往江南年月。二年三月，始是出中書省年月也。張驢曾事世祖，諳習政務，乃仁宗初即位時所召有聲望老臣之一。其建議經理田糧，未嘗不是。而執行不善，受累者反是貧民，遂激起民變。仁宗紀載：延祐二年八月贛州賊蔡五九陷汀州寧化縣，僭稱王號。詔遣江浙行省平章張驢等率兵討之。臺臣言："蔡五九之變，皆由昵匝馬丁經理田糧與郡縣横加酷暴，逼抑至此。新豐一縣，撤民廬千九百區，夷墓揚骨，虚張頃畝，流毒居民。乞罷經理及冒括田租。”臺臣言雖但指江西事，其他二省亦可知。紀又載延祐二年九月，張驢以括田逼死九人。敕吏部尚書王居仁等鞠之。此殆即梧溪集所謂張閭平章被誣者。自此以下，紀不復見張驢事，不知鞠訊結果如何。然虞集道園學古録卷十六楊襄政公神道碑載：中書平章政事張閭以妻病謁告歸江南，據河渡地，奪民力（元史卷一七九楊朵兒只傳作“奪民河渡地”）。楊朵兒只爲御史中丞，以失大臣體，劾罷之。朵兒只爲御史中丞在延祐三四年間，所劾張閭，即此仁宗紀之張閭。而自緣他事罷免，不關括田事；疑逼死人事不實。然子久則因此下獄。讀楊載詩可以知之也。

今楊仲弘詩集中有三詩涉子久。其一爲次韻黄子久獄中見贈詩，在卷六。詩云：

> 解組歸來學種園，栖遲聊復守衡門。徒憐郿塢開金穴，欲效寒溪注石尊。世故無涯方擾擾，人生如夢竟昏昏。何時再會吴江上，共泛扁舟醉瓦盆？

仲弘浦城人，居杭州。登延祐二年進士乙科。授承務郎饒州路同知浮梁州事。秩滿，遷儒林郎寧國路總管府推官。未上。以至治三年八月卒。年五十三。葬杭州錢塘縣。見金華黄先生文集卷三十三楊仲弘墓誌銘。其官浮梁州同知在延祐間。見道光三年癸未浮梁縣志卷十官師志。然則仲弘官浮梁州，秩滿歸田，即在延祐中。正子久在獄中時也。其二爲次韻黄子久喜晴三十韻呈汪知府詩。見卷四。汪知府乃松江知府汪從善。字國良，婺源人。嘉慶松江府志卷四十名宦傳有傳。仲弘集卷七有簡松江汪知府詩，即其人。府志卷三十六元明知府表，列從善名於延祐六年後，至治前。仲弘呈汪知府詩，蓋延祐末作也。此詩美汪之爲政，不叙子久事。其三與呈汪知府詩同時作。“呈汪”詩後，有再用韻贈黄子久詩，則頗叙子久獲罪前後事，略云：

自惟明似鏡，何用曲如鈎？未獲唐臣薦，徒遭漢吏收。悠然安性命，復此縱歌謳。石父能無辱，虞卿即有愁。歸田終寂寂，行世且浮浮。艱危仍蜀道，留滯復荆州。堂名希莫莫，亭扁效休休。塵埃深滅跡，霜雪暗盈頭。始見神龜夢，終瞥狡兔謀。雪埋東郭履，月滿太湖舟。急景誰推轂？流年孰唱籌？凌波乘赤鯉，望氣候青牛。好結飛霞佩，胡爲淹此留？

合所録二詩觀之，知子久延祐中繫獄，出獄後居松江。其居松江在延祐末，是時已黄冠野服矣。子久以畫名一世，其始末元明人書多有記之者。獨其爲吏獲罪一節，諸書率語焉不詳。今略論之。

黄子久詞，諸家選集多不載。唯涵芬樓秘笈三集本孫氏書畫鈔，載子久題李嵩髑髏紈扇詞一首。今録於下：

没半點皮和肉，有一擔苦和愁。傀儡兒還將絲綫抽。弄一箇小樣子把冤家逗。識破箇羞那不羞？呆兀自五里已單堠。

詞後署“至正甲午春三月十日大癡道人作。弟子休休王玄真書。右寄醉中天”。詞“已單堠”，疑當作“一單堠”。

顧　君　澤

顧君澤，録鬼簿下有傳。所作小令，朝野新聲太平樂府卷三選二首，卷四卷五各選三首。套數，卷六卷八各選一首。列其名於姓氏篇。太和正音譜群英樂府格勢，稱“顧均澤詞如雪中喬木”，入上品。譜卷上自散套中摘曲二首，卷下選小令二首，並題“均澤”。與録鬼簿、太平樂府異。然以太平樂府勘其詞，實一人也。其事蹟僅見録鬼簿，云：“名德潤，道號九山，松江人，以杭州路吏遷平江。自刊九山樂府二集售於市肆。”“九山”，天一閣本作“九仙”，誤。松江有九山，故君澤以九山自號。君澤之號九山，猶宋衞宗武之號九山也。賈仲明補弔詞云：“君澤德潤住雲間。路吏杭州稱九仙。遷平江當領驅(趨)公案。”“九仙”亦當作“九山”，“當領”乃“首領”之誤。元制，凡總管府設經歷、知事、提控案牘兼照磨承發架閣三員，曰首領官，以掌六曹之務。今但云首領，不知是三員中何官也。

元錢惟善江月松風集卷八有送顧君澤移平江詩二首。其一云：

舊識黄堂掾，風流見逸才。秋蒓魚蟹郡，春樹鹿麋臺。
遷檄郵亭送，離尊客棹催。有詩須寄我，握手更徘徊。

其二云：

君家九峰下，作吏擅時名，隱語中郎學，歌章大雅聲。
江雲龍廟濕，山雪虎邱明。回首片帆遠，桃花春水生。

惟善字思復，錢塘人，領至正元年鄉薦，官至儒學副提舉。明史文苑傳附楊維楨傳。此二詩不知何時作。然今傳江月松風集，是後至元四年陳旅、五年夏溥序本，集中詩作於至正中者殊少。疑此二詩作尚在後至元四五年以前。

朱晞顔瓢泉吟稿卷五有顧君澤真贊。其詞云：

彼其之子，其肖維何？將以爲漆園之隱吏歟，胡爲乎曳塗中之尾而轉之清波？抑以爲癡絶之虎頭歟，又何假夫頰上之毫以神儀？漫仕猶隱兮，何修乎名之令嘉？其謔浪笑傲睨世而不廢嘯歌者歟？

晞顔字景淵，湖州長興人。曾入本地蒙古學，舉生員高等。考充平陽州蒙古學學官。選浙東長林鹽場司丞。後爲瑞州路在城務税課提領。又嘗從事浙東帥幕。俱見卷四所記。（李孝光有寄朱晞顔七絶二首，又有與希顔會玉山人家書其壁七古一首，見玉山草堂雅集後一。）蓋以卑官終其身，與君澤出處略同。朝野新聲太平樂府卷五，載君澤述懷詞云："并州每恨無親故。"瓢泉吟稿卷二會丘静山詩，則云："上國才多易得名。"其感情之表見於詩詞者亦極相似。皆南人之不平也。晞顔自稱朝廷立蒙古字學，以少年被選入學。不言何時被選。考王禕王忠文集卷十七鮑信卿傳稱："元貞初，以蒙古言語文字，天下或不能盡習，詔所在州郡並建學立師，貴游子弟及民間俊秀，皆令肄業。"據此，知晞顔選入蒙古學在元貞初。其時尚年少。而吴澄爲其父文進作墓表，則在天曆二年，即晞顔在瑞州爲務提領之時。文進歿於皇慶二年，年七十二。見吴文正公集卷二十六。由是知晞顔蓋生南宋末，至天曆間年近六十，亦垂垂老矣。明史不言惟善享年若干。然惟善延祐至治間與貫酸齋遊。洪武十二年己未，猶爲沈易作五倫詩序。知其享年甚久。蓋生大德初。至洪武己未，年殆逾八十。君澤與惟善、晞顔友，不知視二人行輩如何。以時推之，蓋亦元貞至正間人也。

張　鳴　善

正音譜群英樂府格勢以張鳴善詞入最上品，謂"如彩鳳刷羽"。惜其劇今不傳。唯正音譜上選其小令脱布衫及小梁州各一首。詞林摘豔卷一選其小令普天樂三十首,水仙子十首;卷三選其中吕粉蝶兒"霧鬢雲鬟"一套;卷十四選其越調金蕉葉"講燕趙風流莫比"一套。其事散見元人書中。有曰揚州人者:如曹寅刊本録鬼簿是。卷下云"揚州人,宣慰司令史"。宣慰司蓋指淮東道宣慰使司也。有曰平陽人者:如元孫存吾皇元風雅後集是。見卷五。有曰北方人者:如天一閣本録鬼簿續編是。云"北方人,號頑老子。有英華集行於世。蘇昌齡、楊廉夫拱手服其才。"蘇昌齡者,揚州蘇大年也。余所見明抄説集本青樓集有張鳴善序,後署"至正丙午春頑老子張擇鳴善謹叙"。知續編張鳴善即張擇。有曰湖南人者:如王逢梧溪集是。見卷五儉德堂懷集詩。詩有序云:

> 張鳴善名擇,湖南人,以晦迹擢江浙提學。今謝病隱吴江。

詩云:

> 薦書三十載,垂白廣文官。冀北心肝熱,湖南骨肉寒。病辭新主聘,老託故人安。著就先天學,何時一細觀?

此詩作於明,故有"病辭新主聘"之語。"湖南骨肉寒",謂鳴善家在湖南。按明洪武本張翥蜕菴集卷四有贈張鳴善詩,題爲宗人鳴善將還武昌詩以叙别。詩云:

> 武昌城中官柳陰,廣陵行客動歸心。衣冠南渡悲豪傑,江漢東流變古今。多病馬卿游已倦,能詩杜老律尤深。洞庭明月如相憶,爲寫清愁入楚吟。

此詩蓋至正初翥寓揚州時作。翥,平陽襄陵人。蜕菴集卷三有拜襄陵祖塋詩。可證。元史卷一八六張翥傳稱翥晉寧人。晉寧乃大德九年所改,即平陽也。翥稱鳴善爲宗人,蓋二人祖貫俱爲平陽。翥之父爲吏，從元軍征江南，爲杭州鈔庫副使，始家杭州。鳴善先人則以北宋末南渡，故詩有"衣冠南渡悲豪傑"之語。孫存吾謂鳴善爲平陽人，決非妄説。成廷珪居竹軒集卷三亦有送張明善歸武昌卻移家入蜀詩。詩云：

對酒悲歌淚滿衣，楚天摇落又斜暉。風塵萬里與君别，江海一舟何處歸？老去且留吾舌在，愁來長惜壯心違。臨歧不盡平生意，沙苑無雲鶴自飛。

居竹軒集"明善"當作"鳴善"。廷珪，揚州人。此詩當與翥詩同時作。

由諸書所記鳴善事考之，知鳴善祖貫平陽，家於湖南，流寓揚州，元亡後寓吴江。當鳴善寓揚州時，其家人在武昌。其稱平陽人者，舉其本貫也。稱湖南人者，以家於湖南也。稱揚州人者，以其本人久寓揚州也。王静安先生録曲餘談云梧溪集之張鳴善，名擇，平陽人，隱吴江；與録鬼簿之曲家張鳴善揚州人官宣慰司令史者，非一人。不知梧溪集之張鳴善，據録鬼簿續編及青樓集序，正是曲家。録鬼簿續編記張鳴善，所以補天一閣本録鬼簿之缺；與曹寅刊本録鬼簿之張鳴善，亦非二人也。鳴善名擇。其字蓋取韓文"擇其善鳴者而假之鳴"之義。後人不察，遂往往誤書爲"明善"。汲古閣本輟耕録卷二十八載張明善譏時曲；明蔣一葵堯山堂外紀卷七十六載張明善詠雪譏張士德曲；"明善"皆當作"鳴善"。梁寅石門先生集卷四，有時雨軒爲憲郎張明善題詩。此張明善不知即張鳴善否。楊維楨東維子文集卷三有送華亭主簿張侯明善序。序作於明初。云其人青年敏學，乃曹濮公卿之胄。非此張鳴善也。

王　仲　元

正音譜列王仲元名於“傑作一百五人”中。所編于公高門等三劇，今無傳本。散曲則樂府群玉卷四尚載其小令江兒水等十一首。太平樂府卷七選其越調鬥鵪鶉“雲幕重封”一套，卷八選其中吕粉蝶兒“雙雁兒聲悲”等三套。其事蹟，據録鬼簿下知爲杭州人，與鍾嗣成交有年。録鬼簿成於至順元年，而下卷小傳有元統二年及至正五年事。蓋隨時增訂，非成於一時。仲元與嗣成爲同時儕輩，蓋大德至正間人也。

元明人書中，王仲元凡三見。其一見道園學古録。卷七有王先生祠堂記云：

> 王先生名德元，字仲元，邢臺人。金大安中舉經童第二人。既受官，又從常山周晦之先生學。歲壬辰，避兵來許。許人以爲師。出其門者前後數十百人。至元甲戌，先生年八十而卒。

甲戌，至元十一年。周晦之名嗣明，金名士周昂德卿之姪。金大安元年進士。見歸潛志卷二。嗣成汴人，而自幼居杭州。至元末從鄧善之遊。在元曲家中行輩本不甚低。然與邢臺王仲元交則時代不相及。且此王仲元里貫與録鬼簿所記亦不合。非曲家也。

其二見高太史鳧藻集。卷二有贈何醫師序。云：

> 友人余君唐卿，將以使事往海虞，抵余言別。且有請曰：吾友王仲元有痔甚苦，越醫何朝宗熾以藥，使盡其毒而起。仲元德之，欲吾文以報。適有區區之役，不克爲之執筆。願子惠一言焉。余未識仲元，雖唐卿之友猶余友，而余

文豈唐卿之文哉？

唐卿名堯臣，永嘉人。元末，由紹興入吴，居北郭，爲高啟十友之一。仕張吴。城破，例徙臨濠。洪武二年放還。授新鄭丞。明史卷二八五文苑傳有傳，附王行傳。何朝宗，會稽人，居吴。洪武二十一年，王行爲作何氏園林記，見景泰本半軒集卷四。記稱："何氏居吴且三十載，醫其世業也。年開八袠。學博而得其要，術精而妙於用，已疾無留艱者。故雖字朝宗，莫或輒字之，惟稱可人翁焉。"仲元友唐卿而德朝宗之愈其病，似其人亦居吴者，而啟顧不識之。蓋游士之偶然來吴者耳。啟此序不知作於何時。然至早亦在至正中。以重紀至元二年丙子啟始生也。

其三見圖繪寶鑑卷五。云：

> 王仲元不知何許人。專門花鳥，尤善作小景。得用墨之法，温潤可喜。

圖繪寶鑑成於至正二十五年乙巳。卷五所記皆元人。余疑寶鑑、鳧藻集所記王仲元，即曲家王仲元。

乾隆己亥西安府志載元華原丞有王仲元。考元史地理志，華原縣於至元元年併入耀州。此王仲元官華原丞當在至元前。是元初邢臺王仲元外又有一王仲元也。

沐　仲　易

沐仲易，天一閣本録鬼簿續編有傳，云：

> 西域人，故元西監生。讀書敏捷(傳抄本作"教括"，今改)，工於詩，尤精書法。樂府隱語，皆能窮其妙。一時士大夫交口稱嘆。公貌偉雋，有自賦大鼻子哨遍，又有破布衫、

要孩兒盛行於世。

“沐仲易”，太和正音譜群英樂府格勢作“穆仲義”，名在國朝一十六人中。稱其詞“如洛神凌波”。王逢梧溪集作“木仲毅”。蓋是一人。今梧溪集卷五有逢贈木仲毅詩二首。其一題爲經遊小來涇簡木仲毅。詩云：

> 髯參歸隱小郊坰，亂世曾聞險備經。風黑浪高羅刹海，月明天度使臣星。東都先見逢萌得，廣武重遊阮籍醒。最是故家春草暗，杜鵑啼殺忍同聽？

其二題爲謝木仲毅員外過烏涇别業。詩云：

> 歸耕全晚節，懷舊過寒簷。不解吴儂語，猶森蜀將髯。名公書早佩，繼母誥生霑。三仕風塵屬，千艱水陸兼。獸車畋北遠，魚飯味南厭。芝嶺歸秦皓，桃源記晉潛。衒才紛禰戮，昧識總申鈐。世事忻相遠，春杯約細拈。

詩有後序云：

> 毅西域人。少喪母。繼母諱馬麻哈同，撫育若己出。及毅貴，皇封爲宜人。毅性周謹，事上涖下，非禮法不陳道。中臺丞王公德謙特書賜“循理”二大字。以南省使累遷長兵曹幕。去亂遠引。今爲農海上，於余篤交好云。

嘉慶松江府志卷六十二寓賢傳引此序作謝毅，字木仲，西域人。以誤讀梧溪集，以“謝”字爲姓，連“木仲毅”三字讀之也。又云即集卷二北邱耕隱歌之辥山謝逸人。亦誤。辥山謝逸人名守真，自九世祖進士仲華居華亭辥山。見集卷四下遊辥山詩序。與西域人無關也。逢字原吉，江陰人。明史卷二八五文苑傳附戴良傳云：明太祖滅張士誠，欲辟用之，堅卧不起。隱上海之烏涇，歌詠自適。洪武十五年以文學徵，有司敦迫上道。時子掖爲通事司令，以父年高，叩頭乞請。乃命吏部符止之。又六年卒，年七十。按：逢以元至正二十六年丙午，由橫泖遷居烏涇。梧溪集卷四有詩紀之。此贈木仲毅二詩不紀年，然以文義求之，應是入明後所作。第一首“風黑浪高羅刹海，月明天度使臣星”，謂仲毅於元時奉使過海也。“東都先見逢萌得，廣武重遊阮籍醒”，謂覩時事不可爲，早棄職也。第二首“獸車畋北遠”，謂順帝至正二十八年北走駐應昌也。“衒才紛襽裻，昧識總申鈴”，蓋指高啟、徐賁輩。謂吳士之仕明者多見僇辱也。詩後序“南省使”，元人謂江南三省（江浙、江西、湖廣）爲“南省”。此南省不知何指。然觀其退隱松江，蓋曾宦遊江浙者。“南省使”，謂江浙行中書省宣使也。題稱“仲毅員外”，蓋仲毅仕止於行省左右司員外郎也。逢爲詩，每以小序疏其本事。仲毅行誼仕蹟，録鬼簿續編所記太略。賴此詩序，猶可知其梗概。觀録鬼簿續編記仲毅自賦大鼻子事；逢贈仲毅二詩，描摹相貌，皆以多髯爲言；則仲毅爲回回人無疑。

録鬼簿續編謂仲易故元西監生。西監生即回回國子監生。回回國子監立於仁宗延祐元年，見元史卷二十五仁宗本紀。回回人居元之極西境内，元人爲文遇“回回”二字，往往以“西”字代之。回回國子監生之稱西監生，猶世祖時丞相回回人阿合馬之稱西相也。元之國子監爲仕宦捷徑，凡入監讀書者，大抵歷時不過年餘，即得官而去。仲易入回回國子監學，其坐監時間亦必不久也。

丁　野　夫

丁野夫，録鬼簿續編有傳，云：

西域人，故元西監生（回回國子監生）。羡錢塘山水之勝，因而家焉。動作有文，衣冠濟楚。善丹青小景，皆取詩意。套數小令極多，隱語亦佳。馳名寰海。

按：丁野夫又見圖繪寶鑑卷五。云："回紇人，畫山水人物，學馬遠、夏珪，筆法頗類。"回紇即回回也。錢塘平顯，先與野夫善。今所見松雨軒集，中有顯爲野夫作詩三首。今具引於下：其一題丁野夫畫，在卷六。詩云：

胡丁已殁四十載，化鶴歸來知是非？郭外梅村更地主，筆端松石見天機。一時好手不可遇，千古賞音如此稀。長憶西湖舊遊處，畫船清雨白鷗飛。

其二題丁野夫梅村卷，在卷七。詩云：

霜風折盡舊庭柯，撫事其如感慨何！海上胎仙華表遠，人間畫史墨痕多。荒煙茅屋皆陳迹，明月梅花幾醉歌。詩卷尚留天地裏，白頭清淚一摩挲。

其三題丁野夫畫，在卷八。詩云：

令威不返遼東鶴，梅已成薪屋已摧。昨過城南舊基址，棠梨子熟野禽來。

據詩，知野夫所居梅村，在錢塘南郭外。顯字仲微，洪武初，知廣西籐縣事。謫戍雲南。黔國公沐晟憐其才，請於朝俾脱籍，禮之賓館者餘十年。晚以校職歸老，考終於京師。諸詩皆仲微晚年作，悱惻可誦。蓋不惟傷逝者，亦自傷也。

夏　伯　和

夏伯和，録鬼簿續編有傳。云：

號雪簑釣隱，松江人。喬木故家，一生黄金買笑，風流蘊藉。文章妍麗，樂府隱語極多。有青樓集行於世。楊廉夫其西賓也。世以孔北海、陳孟公擬之。

青樓集，今通行長沙葉氏刊本。前載至正二十四年甲辰邾經序。稱"商顔黄公之裔曰雪簑者，攜青樓集示余，且徵序引。其誌("誌"原作"志言"，今改)讀之蓋已詳矣，余奚庸贅。"商顔山名，黄公謂夏黄公。此用四皓典故。讀者不察，遂有稱青樓集作者爲"黄雪簑"者。今以録鬼簿續編證之，其誤益顯。葉本不載青樓集誌。余所閱明抄説集本，則誌俱在。誌外且有至正二十六年丙午張鳴善序，亦葉本所不載。誌稱："歌舞之妓，有聞而知之者，有見而知之者。雖詳其人，未暇紀録。乃今風塵澒洞，群(郡)邑蕭條。追念舊遊，恍然夢境。於心蓋有感焉。因集成編，題曰青樓集。"後别行有字云："至正己未春三月望日録此。異日榮觀，以發一笑云。""榮觀"疑當作"重觀"。至正無己未，乃乙未之誤。乙未十五年，即張士誠據平江陷湖州松江、常州之前一年也。鳴善序記伯和生活極詳，可補録鬼簿續編之不備。今節録其文如下：

夏君伯和，文獻故家。起宋歷元，幾二百年。素富貴而苴富貴。方妙歲時，客有挾明雌亭侯之術而謂之曰："君神清氣峻，飄飄然丹霄之鶴。厥一紀，東南兵擾，君值其厄，資産蕩然。豫損之又損，其庶幾乎。"伯和攬鏡，自嘆形色。凡寓公貧士，隣里細民，輒周急贍乏。遍交士大夫之賢者，慕孔北海座客常滿，尊酒不空，終日高會開宴，諸伶畢至。以故聞見博有，聲譽日彰。無何，張氏據姑蘇，軍需征賦百出。昔之吝財豪户，破家剥床，目不堪覩。伯和優遊衡茅，教子讀書，幅巾筇杖，逍遥乎林麓之間，泊如也。追憶曩時諸伶姓氏而集焉。

明雌亭侯謂許負,善相者也。伯和青樓集作於張士誠據平江之前,鳴善序乃謂作於士誠據平江之後。蓋鳴善所閲者,是增訂本。至正十六年二月松江之變,最爲慘酷。寺觀民房,悉化焦土。居民死者,填街塞巷,水爲不流。詳見輟耕録卷三十。其焚剽殺戮者非士誠軍,乃元官軍也。伯和是時雖幸免於難,亦頗有損失。今雅雨堂本封氏見聞記,末有明孫允伽據秦酉巖藏本所録夏伯和跋。文云:

> 予素有藏書之癖。凡親友見借者,暇日多手鈔之。此書乃十五年前所鈔者。至正丙申歲,不幸遭時艱難,烽火四起。煨燼之餘,尚存殘書數百卷。今僻居深村,無以爲遣,旦夕賴此以自適,亦不負愛書之癖矣。至正辛丑上元日重觀於泗北疑夢軒。雲間夏庭芝伯和父謹誌。

"泗北"謂泗涇北。據此跋,知伯和名庭芝,松江華亭人。丙申即十六年,辛丑二十一年也。松江富庶之區。元之大夫士官此者,多樂而忘返。夏氏雲間大族,如伯和之席豐履厚,經丙申亂僅存殘書數百卷。此所以以"疑夢"名軒,而郟仲誼序青樓集,以杜牧之揚州夢覺擬之也。元楊維楨有題夏伯和自怡悦手卷詩七律一首,見鐵崖詩甲集。張仲深有題淞江夏伯和自怡悦齋詩五古一首。見子淵詩集卷一。仲深字子淵,慶元人。顧瑛編玉山草堂雅集,以其詩入選。葛邏禄迺賢金臺集卷二有秋夜有懷明州張子淵詩,即其人。仲深此詩稱伯和爲高人,大意勗其出仕,以濟時救民爲懷,勿甘退隱。蓋猶是丙申前作。至陶宗儀南邨詩集卷二有與邵青谿張林泉會胡萬山夏雪簑訪陳孟剛七言長律詩,則作於明,知伯和入明猶無恙,與諸老從容游讌,亦遺民之幸而得全者也。

彭壽之

彭壽之見陽春白雪姓氏篇。後集卷二選其仙吕八聲甘州"平生放蕩"一套,側艷之詞也。秋澗大全集卷二十二有題彭壽之慶八十詩軸詩。詩云:

竹色宫牆野粉黄,百年遺老見張蒼。青雲仕宦思疇昔,白髮光陰在故鄉。步健不知鳩杖勁,眼明猶炯竹書光。若從九老徵遺事,好着丹青畫寶坊。

今所傳秋澗集乃惲子公孺所編。其集中各體詩,各略依時代編次。此卷二十二所收七言律詩,多是至元末元貞中作。秋澗作此詩時,壽之年八十。知壽之當生金貞祐興定間,約長秋澗十歲。

王脩甫

王脩甫見陽春白雪姓氏篇。後集卷二選其仙吕八聲甘州"春閨夢好"一套。樂府新聲卷上亦選其越調鬥鵪鶉"闕蓋荷枯"一套。秋澗大全集卷七十四有水調歌頭送王脩甫東還詞。詞云:

樊川吾所愛,老我莫能儔。二年鞍馬淇上,來往更風流。夢裏池塘春草,卻被鳴禽呼覺,柳暗水邊樓。浩蕩故園思,汶水日悠悠。　　洛陽花,梁苑月,苦遲留。半生許與詞伯,不負壯年游。我亦布衣遊子,久欲觀光齊魯,羈紲在鷹韝。早晚西湖上,同醉木蘭舟。

汶水出泰安州萊蕪縣，西南流至東平須城西南十里入濟。北折而東入海，所謂大清河也。今詞云：“浩蕩故園思，汶水日悠悠。”知脩甫東平人。秋澗蒙古憲宗二年壬子，爲河南經略使史天澤客。中統元年，姚樞宣撫東平，辟爲詳議官。猶布衣也。是年應中書省召。二年天澤入相，始擢翰林修撰。今此詞自稱布衣遊子，又云未嘗至齊魯，知詞是壬子後中元前爲天澤客時作。西湖在東平。元遺山出東平詩：“東園花柳西湖水，剩着新詩到處誇。”（遺山全集卷九）元劉雲震訪杜仲梁不遇詩：“東湖花草西湖月，不管文園舊長卿。”（鮮于樞困學齋雜録引）皆謂此西湖也。秋澗集卷十四尚有贈王脩甫詩。詩云：

樊川風調錦囊詩，邂逅青樓豁所思。得酒愛澆吟舌健，放談時露劍鋒差。香翻月户情難極，風入庭梧鬢已知。過眼繁華終寂寞，望君冠蓋鳳凰池。

卷十六有挽王脩甫詩。詩云：

大梁東郡衞南鄘，尊酒論文幾度逢。少日才情驚小杜，中州人物惜元龍。長歌老驥壺空缺，秋色西山恨更濃。五十五年成底事？一丘露草泣吟蛩。

詩有序云：

時客死於燕。君燕都懷古詞，内有“恨滿西山秋色”之句。至元元年在東平時，屢向余道。

至元元年，乃秋澗官中書省左司都事，坐誣免歸，復出爲東平幕官時也。今秋澗集卷十四所收詩，多是蒙古憲宗時及中統初年詩。卷十六所收詩，多是至元六年至十二年詩。故余疑秋澗贈脩甫詩，乃蒙古憲宗時作；挽脩甫詩，乃至元十年前後作。至元十年頃脩甫年五十五。知其人當生於金末，與秋澗爲同時儕輩也。

王　嘉　甫

王嘉甫亦見陽春白雪姓氏篇。後集卷二選其仙吕八聲甘州"鶯花伴侣"一套。秋澗大全集卷十四，有送王嘉父七律二首。(秋澗集"嘉甫"皆作"嘉父"，按"甫"、"父"字同。)其一云：

新知雖樂道彌親，樽酒燈前便故人。時宦儘從閒處着，浩歌還愛醉時真。紅蓮幕府名兼隱，春草池塘句有神。恨煞百門山下水，錦波流不到東秦。

百門陂在衛輝路輝州。東秦謂齊。讀此詩知嘉甫爲山東幕職官，初識惲於衛輝。卷七十六有太常引送嘉父詞一首。詞云：

去年鞍馬客南鄘。奈告别，苦怱怱。今歲又相逢。喜客舍、清樽屢同。　仲宣樓上，杜陵幕下，着處話途窮。好去漢元龍，道休着、青春負公。

南鄘即衛輝。詞作距前贈詩僅一年。是時嘉甫仍爲幕職官。卷二十四有寄贈王嘉甫絶句一首。詩云：

十日休閑一到衙，冷官滋味賈長沙。醉歸多趁南湖月，馬上披香直到家。

冷官疑指王府官。由秋澗集所知嘉甫事只此。

劉因靜修先生文集卷七有嘉甫從親王鎮懷孟詩。親王謂世祖孫答剌麻八剌，裕宗之子，武宗、仁宗之父，後追謚曰"昭聖衍孝皇帝"，廟號"順宗"者也。至元二十八年，詔答剌麻八剌出鎮懷孟，以待衛都指揮梭都、尚書王倚從行。未至，以疾召還。明年卒。年二十九。見元史卷一一五本傳。二十八年，元史卷一七六王倚傳作二十六年。疑當從之。詩云：

茲遊真可樂，兔苑更枌榆。孝悌燕南選，文章郝氏徒。早年多急難，晚節足歡娱。寄語賢兒姪，詩書是遠圖。

如因所稱嘉甫即王嘉甫，則知王嘉甫爲懷孟路人，陵川郝氏之徒，至元末年已晚暮。蓋生於金末者也。郝氏似謂郝經父思温。思温家世儒學，貞祐初南渡，教授淇衞間。金亡，北渡，僑寓順天（即保定），聚俊秀而教之者十餘年。見郝文忠公集卷三十六先父行狀。

盛如梓庶齋老學叢談卷中"楊起宗"條，引王嘉甫詩。其文如下：

楊起宗説：汴京熙春閣，歷金國不毁。有詩題於上云："一閣看來盡鬼工，太平天子侈心雄。連天老蜃千年氣，跨海金鵬兩翅風。人説來從塵世外，天教不墮劫灰中。最憐寂寞熙春字，猶帶斜陽照故宫。"余謂必通好時使臣經遊而題。厭次劉景陸來爲憲幕，叩之，云王嘉甫國賓詩也。

據此條知王嘉甫名國賓。元有王利用字國賓，通州潞縣人，與王秋澗同時。仕甚達，爲廉希憲所知重。元史卷一七〇有傳。當是另一人。魏初青崖集卷三有送王國賓序。蓋爲利用作，非爲嘉甫作也。熙春閣至元三年始撤毁。嘉甫此詩，必作於至元三年以前。

李　伯　瞻

李伯瞻見太平樂府姓氏篇，卷一雙調殿前歡省悟曲題李伯瞻，注云："號熙怡。"所録小令八首。又見正音譜，在"傑作一百五人"中。二書皆無事蹟。余讀柳貫柳待制文集卷十二武德將軍劉公墓表，始知李伯瞻乃元初功臣李恒之孫。讀吴澄吴文正公集卷四十二元故榮禄大夫江西等處行中書省平章政事李公墓誌銘，始知李伯瞻即李屺，乃李世安之子。貴胄之能文者也。

李恒字德卿，自號長白。其先西夏人。自其父惟忠始家淄川長白山下。故恒以淄川爲鄉郡。惟忠官至益都淄萊軍民都達魯花赤。謚忠襄，追封滕國公。恒，惟忠第四子，結髮從戎。以益都淄萊新軍萬户從伐宋襄陽，圍吕文焕四年，降之。又從丞相伯顔平漢沔。從右丞阿里海牙徇地湖南。以副都元帥從都元帥遜都台入江西，蕩清贛境。拜参知政事，行中書省江西。復以蒙古漢軍副元帥率師出梅嶺，會都元帥張弘範師圍崖山，遂滅宋。授中書左丞，移省湖廣。至元二十二年，從皇子鎮南王征安南，中毒矢卒。年五十。子世安護喪歸，葬大都路宛平縣永安山之陽。至元二十八年始有旨録恒死事，賜謚武愍。至大元年，追封滕國公。恒性不嗜殺，在江西五年，多所全活。吴文正公集卷十四滕國李武愍公家傳後序，稱其“去洪適潭，老稚嗟惜，垂涕攀留，如失慈父”。澄正人，且事所親見，言必不虚。恒墓誌銘、神道碑皆佚。惟姚燧所撰資善大夫中書左丞謚武愍公李公家廟碑，猶載牧庵集中；見卷十二。柳待制文集卷九李武愍公新廟碑銘，則記恒在建昌事獨詳。以碑文爲建昌立新廟作，體宜爾也。元史卷一二九李恒傳，與家廟碑互有詳略，而記恒家世較家廟碑爲詳。文云：

> 李恒，其先姓於彌氏。唐末賜姓李。世爲西夏國主。太祖經略河西，有守兀納剌城者，夏主之子也。城陷，不屈而死。子惟忠方七歲，求從父死。主將異之，執以獻宗王合撒兒。王留養之。及嗣王移相哥立，惟忠從經略中原有功。淄川，王分地；以惟忠爲達魯花赤，佩金符。惟忠生恒。恒生有異質，王妃撫之猶己子。

“宗王”，李武愍公家傳後序作“皇弟”。合撒兒元史卷一〇六宗室世系表作搠只哈兒，乃太祖之弟，烈祖神元皇帝之子也。恒，夏宗室。故吴澄撰家傳後序，稱恒爲西夏人；撰江西行省平章政事李公墓誌銘，稱世安爲於彌部人。姚燧撰家廟碑乃云：“李氏家隴西成紀，實秦將信諸孫。漢至六朝，門閥甚峻。”一若恒真爲隴西李氏者。而又云：“唐季王西夏，甚盛强。”乃文人崇飾之過也。

世安字彦豪，國語名散木艄，恒長子。憲宗朝癸丑生於宣德府龍門川。人稱李龍川。恒經略廣東，世安以廣州路達魯花赤辦軍需。歷官新軍萬户，同知江西宣慰司事，僉江西行中書省事。陞參知政事行尚書省江西。尚書省罷，改參行中書省，仍江西。元貞大德間，參江浙河南二省，陞湖廣左丞。至大初，入爲平章政事商議樞密院事。皇慶二年復出爲江西行中書省平章政事。延祐三年，致仕。至順二年卒於龍興（即南昌）。歸葬大都，祔父墓。世安官江西久，亦有惠政。元史不爲立傳。事見吴澄所撰墓誌銘。墓誌稱：“武愍生長邊陲，飲食祭祀，並遵國俗。暨公之長，務學友士，誦習經史，希古聖賢。儀禮一書，儒流鮮讀，縱讀亦鮮達禮意。公識高質厚，值斬齊期功之服，靡不暗合禮經。居室之西，營家廟祠武愍公。物未薦新，口不先嚌。四時朔望，率家人行禮。雖晚年小疾，未嘗使人代。嘗至淄川，會族人，立義田以贍之。平生澹無所好，惟延名師訓誨子孫”云。是李氏所染蒙古之俗，至世安而變，居然儒者。至其子屺遂以文藝著稱於時。此亦西域人華化之一例也。

屺，世安嫡長子。官翰林直學士，階中議大夫。吴澄李武愍公家傳後序、江西行省平章政事李公墓誌銘所書同。其官翰林直學士在泰定間。虞集道園學古録卷十一書趙學士簡經筵奏議後，稱：“泰定元年春，皇帝始御經筵。四年之間，任潤譯講讀之事者，翰林則學士吴澄幼清，阿魯威叔重，曹元用子貞，徹徹千伯瞻，燕赤信臣，馬祖常伯庸。"是其證也。徹徹千是李屺國語名。元史李恒傳，載恒孫薛徹千，兵部侍郎。是一人。薛徹千即徹徹千，元人多有名薛徹千者，譯音無定字也。其官兵部侍郎決不在文宗時。以時推之，蓋是順帝時事。何以知之？屺父世安，卒至順二年。澄爲世安作墓誌銘，猶呼屺爲翰林直學士中議大夫。證一也。柳貫撰武德將軍劉公墓表在天曆二年。稱"將軍之孫源襲爵鎮守龍興。將北歸其鄉淄川，樹碑公墓。翰林直學士李君伯瞻爲之請辭於余。"貫是時官江西等處儒學提舉。伯瞻是時在龍興，故爲源請辭於貫。證二也。吴文正公集卷八與李伯瞻學士書，略云：

> 澄日與深山之木石俱，而病魔相尋。坐卧之時多，行立之時少。遥睇舊知於數百里外，欲一面而無由。恭惟西雨南雲，晨夕佳趣，何時得分半席乎？里士吴尚伯達，有行有文。兹造洪府。仰慕玉堂耆彦，求羽言爲之介。蒙與其進，甚幸。病中不能秉筆，命兒曹代書。

此書作應在天曆時。同卷有復柳道傳提舉書，稱"客歲七月後，一病數月。仲冬漸輕減。今春人日又作。"即此書所稱"病魔相尋"也。復書又稱"文星照耀吾野，斗牛爲之增輝。朝家促還伊邇，雖欲更借以私江右之士而不可，惟劇慕戀。"知復書時貫提舉秩滿將歸。貫由太常博士出爲江西儒學提舉，在泰定三年。天曆二年，正是秩滿時也。故余謂二書皆天曆時作。與伯瞻書，曰"遥睇舊知數百里外"，曰"洪府"，明伯瞻天曆時在龍興。證三也。書稱伯瞻爲玉堂耆彦。考澄爲伯瞻父世安撰墓誌銘，稱：

> 武愍夫人終。公年逾七十，長子翰林直學士中議大夫屺歸省，已近六十，鬚鬢皓白，人不辨其爲父子。一家四世。莫不羨公門積善之慶。

武愍夫人終於延祐七年，世安時年六十八。以時推之，屺歸省亦是天曆間事。是時世安年七十六七；屺年近六十，固可稱耆彦也。

太平樂府所載李伯瞻殿前歡曲，應是延祐中作。詞云：

好閑居。百年先過四旬餘。浮生待足何時足？早賦歸歟。莫遑遑盼仕途。忙回步。休直待年華暮。功名未了，了後何如？

命意如此，可謂澹泊。吴文正公集卷三十一有題李伯瞻字一文。云："伯瞻博儒術，精國語，又工晉人法書。世胄之良也。此卷以贈昭德，亦其好尚之同者矣。"昭德乃皮溍字。溍臨江路清江縣人，虞集之妹婿也。父一薦官南雄總管。溍以父蔭爲邵陽丞。延祐五年，爲岳州路平江州判官。詩學黄山谷，書法學李北海。從吴澄遊，澄甚喜之，集中屢有文爲溍作。許有壬至正集卷八十有玉燭新詞，自注："題李伯瞻一香圖，次韻。"審詞意圖所繪是水仙花。知伯瞻不惟能書，而且能畫；不惟能曲，而且能詞。伯瞻嫡長子保，亦見吴澄撰李世安墓誌銘。

衛　立　中

衛立中見太平樂府姓氏篇。又見正音譜，在"傑作一百五人"中。其詞之傳者有雙調殿前歡小令二首，見太平樂府卷一。其一爲碧雲深詞，其二則和阿里西瑛懶雲窩詞也。其事蹟不甚顯。惟陶宗儀書史會要卷七載衛德辰字立中，華亭人。素以才幹稱，書學舍利塔銘。又載衛仁近字叔剛，德辰姪。經子百氏無不該。楷書學黄庭經。按仁近能詩，受知楊維楨。東維子集卷七有衛子剛詩録序，亟稱之。所居曰敬聚齋，維楨爲作記，見卷十九。王逢與仁近友善。梧溪集卷五有哭雲間衛叔剛詩。詩序稱其好學績文,敦孝友行,卻吴興守將餽米及張士誠之聘。端士也。仁近父德嘉,字立禮。失儷二十八年,不二娶。辟宣使,舉茂才,授潮州路儒學正。皆不就。杜門不與人接者三十年。至正十四年甲午卒。友人楊維楨等私謚爲"尚絅先生"。見東維子集卷二十六尚絅先生墓銘。德嘉父謙,字有山,一字山甫,號山齋。登宋進士第。元師入境。董文炳版授漳州龍溪尹,伯顔版授温州治中,皆辭。與鄧文原、趙孟頫、張之翰爲文字交。遠近識與不識,皆稱"衛山齋"。謙三子,德嘉其長。謙父宗武,字淇父,宋通奉大夫資政殿大學士,知常州。所著有秋聲集。宋亡不仕。見尚絅先生墓銘,嘉慶松江府志卷五十。自宗武至仁近,四世皆以節行著。書史會要稱仁近爲立中之姪。今以諸書考之,知立中乃德嘉之弟,謙之子,宗武之孫也。衛氏之先爲渤海人。宗武五世祖文中宋朝散大夫兼侍講,始居錢塘。高祖上達即仲達,又自錢塘徙華亭。(仲達靖康初爲禮部尚書,即緣"太上皇"幸亳州,乞假攜家逃遁,除名勒停者也。事見三朝北盟會編卷三十、卷四十五。)仲達從叔大中大夫禮部侍郎膚敏扈蹕南渡,亦居華亭。膚敏宋史卷三七八有傳。膚敏從兄弟季敏。季敏子涇,淳熙十一年進士第一,著後樂集。涇弟湜著禮記集説。皆有名。四庫全書秋聲集提要云:宗武世系無考。又云當爲涇湜之裔。不知宗武世系,自文中以下七世,俱見尚絅先生墓銘。宗武與涇湜同族,卻非其嫡裔。東維子集、四庫全書已收,當時秉筆者何以竟不參考也?

宋方壺

宋方壺見太平樂府姓氏篇。亦見太和正音譜在"傑作一百五人”中。太平樂府選其小令十四首，套數三首，知亦甚重其詞。而不著字里。余以清江貝先生集考之，其人乃華亭宋子正也。卷五有方壺記，即爲子正作。其文云：

> 華亭之鶯湖，有大姓爲宋子正氏。即所居之西偏，闢室若干楹，方疏四啟，晝夜長明，如洞天狀。有石焉嶄然而獻秀，有木焉鬱然而交蔭。蓋不待馭泠風度弱水而坐致方壺之勝，因揭二字以名之。且介前進士澄江包君叔蘊來，求余言爲記。余惟方壺爲三神［山］之一，有無不可知。若子正之居，地與人俱勝，豈非真方壺也歟？余雖未睹其彷彿，竊有會於心者焉。至正初，客錢塘。屬國家承平無事，而池臺苑囿，甲於三吴。時與一二賓客往來湖山之間：此一方壺也。及來華亭也，海内兵變，西北州郡毒於侵暴屠燒，而編民之死者十九。吾幸安居暇食以談禮樂於干戈之表：亦一方壺也。使不擇地而有其樂，則非方壺而方壺也。奚必清穆虚曠擬王侯之宫而後爲方壺哉？今子正據鶯湖之要，甲第連雲，膏腴接壤，所欲既足而無求於外，日坐方壺中或觴或弈，又非若余之所稱而已。異日放舟湖上，一造“方壺”而息焉，則不爲生客也。

明史卷一三七，貝瓊附宋訥傳，記瓊在元時事殊略。今以集考之，知瓊生延祐元年。至元三年，年二十四，館於華亭夏氏凡十年。至正二十年頃，復來華亭講學，往來吕邵二族，客華亭者又近十年。此文稱今來華亭，海内兵變，西北州郡毒於侵暴屠燒。吾幸安居暇食，談禮樂於干戈之表。則文是至正末客華亭時作。子正請其作記，蓋時輩也。貫酸齋爲楊朝英撰陽春白雪序，在泰定前。陽春白雪不收子正詞，疑子正是時尚幼。而詞林摘艷卷十録宋方壺越調鬥鵪鶉“蝶使雙雙”散套，其詞有“齊仰着萬萬歲吾皇大明國”之語。則子正亦由元入明者也。

鄧學可

正音譜群英樂府格勢有鄧學可，在“傑作一百五人”中。朝野新聲太平樂府卷六選其正宫端正好“樂道”一套，長五百餘字，詞甚俊偉。知爲能手。而姓氏篇不著其人，蓋偶然遺落。吴文正公集卷四有仁本堂記，爲學可作。云：

> 廬陵鄧熙學可以“仁本”名其堂。仁人心也。敬則存，不敬則亡。於此實用其力焉，本其庶幾乎。學可資質静重，可與求仁者也。其思所以實斯堂之名哉。

據此，知學可名熙，吉安人。學可能書，見書史會要卷七。云維揚人，留心翰墨，有聲於時。蓋客寓維揚也。

丙　　藁

陳　草　菴

録鬼簿上前輩名公

明萬曆本文山先生全集卷十七宋文山先生紀年録：歐陽夫人被虜，居大同路豐州棲真觀。大德二年戊戌冬，以年老不禁寒凍，得請向南去。大德七年癸卯臘至寧州。時從子隆子任寧州判官。寧州党知事以夫人歸爲不應，赴陳草菴宣撫陳狀。委南康李清之推官臨問。隆子以夫人所受公主懿旨、高唐王鈞旨所與路引及支給口食文憑呈之。李爲惻然。事遂消釋。明年，歸故里。按陳草菴宣撫名英。元史卷二十一成宗紀：

> 大德七年三月庚寅，詔遣奉使宣撫循行諸道。以郝天挺、塔出往江南、江北；石珪往燕南、山東；耶律希逸、劉賡往河東、陝西；鐵里脱歡、戎益往兩浙、江東；趙仁榮、岳叔謨往江南、湖廣；木八剌、陳英往江西、福建；塔赤海牙、劉敏中往山北、遼東。并給二品銀印，仍降詔戒飭之。

是其證也。陳英延祐初以左丞往河南經理錢粮。尋拜河南省左丞。元史卷九十三食貨志：

> 延祐元年，平章章閭言："經理大事，世祖已嘗行之。但其間欺隱尚多，未能盡實。由是歲入不增，小民告病。若行經理之法，俾有田之家及各位下寺觀學校財賦等田，一切從實自首，庶幾税入無隱，差徭亦均。"于是遣官經理，以章閭往江浙，尚書你咱馬丁等往江西，左丞陳士英等往河南。仍命行御史臺分臺鎮遏，樞密院以軍防護。

卷二十六仁宗紀：

> （延祐五年秋七月）壬午，罷河南省左丞陳英等所括民田止如舊例輸税。

陳英即陳士英也。

高　文　秀

録鬼簿上前輩才人

元張鉉至正金陵新志卷六官守志溧水縣（本宋縣，元貞元年升州）達魯花赤有高文秀，至元十七年任。至元間有以漢人爲達魯花赤之事。如元史卷九世祖紀載至元十四年以鄂州總管府達魯花赤張鼎參知政事。元曹元用撰任城二賢祠碑（康熙十一年濟寧州志卷八藝文志上引，碑今存）云：

> 二賢堂在任城縣治東北者，故中書右丞冀公爲州時所築。公名德方，字正甫，至元二十一年任濟州達魯花赤。達魯花赤，朝語監涖者也。

是其例。清康熙十年山陰縣志卷十八職官志元縣尹亦有高文秀。有小序云：

> 元制縣既有尹，又有達魯花赤以監之。今所載止于尹，

不及達魯花赤。間有賢者,則列之名宦傳中。

後所書十四人,第七定定注達魯花赤,是例外;餘十三人,當皆是縣尹。卷二十四人物志名宦有傳者二人:一,賈棟,真定人,至正間爲縣尹。一,定定,畏兀人,至正間爲縣達魯花赤。十四人中,高文秀第一,而無傳,竟不知其何時爲山陰縣尹也。

王　伯　成

録鬼簿上前輩才人

賈仲明弔伯成詞云:"馬致遠忘年友,張仁卿莫逆交。"馬致遠乃至元泰定間人。余别有考。張仁卿見秋澗大全集。卷十有秋澗著書圖歌贈畫工張仁卿七言古詩一首。自注云:"時集録古今相業爲調元事鑒。"調元事鑒,後改爲相鑒。集卷四十一有新脩調元事鑒序。末署"至元二十年歲次癸未夏六月十有七日序"。疑詩作亦在是年。然則仁卿、伯成俱至元間人矣。陸文圭牆東類稿卷十七有送張仁卿五言律二首。合二詩觀之,知仁卿爲縣尹一年而去官,將赴廣東。詩不紀年。不知與秋澗集張仁卿是一人否?

吴　昌　齡

録鬼簿上前輩才人

北京大學圖書館藏張提點壽藏記拓本(張仁蠡舊藏),友人孫君貫文從圖書館借出示余。首題:"應奉翰林文字同知制誥兼國史院編脩官朝散大夫尚書省右司員外郎曹元用譔。""奉議大夫婺源州知州兼管本州諸軍奥魯勸農事吴昌齡書丹篆額。"後題："延祐七年二月二十有二日弟子佟道安等立石。""古任王鼎刊"。記略云：

> 提點名志德，張其氏。濟南鄒平人。年二十五，有出塵之想，飄然爲方外遊。至濟州聖壽宫，洞虚普慧張真人棲真之地，心慕其爲人，遂禮其徒明真仁恕冲和大師宗主提點羅先生爲師。羅先生愛之，命知宫事。延祐三年，掌教開玄真人署爲聖壽宫提點。道士健訟者爲决其屈直，病久者暫砭焫即愈，人甚德之。行年七十有七。弟子知宫事佟道安念其師之高年，預修壽藏于崱山之陽祖師塋之側，求余爲記。

昌齡書頗有楷法，或即曲家吴昌齡歟？

按：元武宗至大二年八月癸酉，立尚書省。四年正月庚辰，武宗崩；壬午罷尚書省。見元史卷二十三武宗紀、卷二十四仁宗紀。元用，汶上人。以閻復薦爲翰林國史院編修官。御史臺辟爲掾史。轉中書省右司掾。與清河元明善、濟南張養浩，同時號爲三俊。除應奉翰林文字。遷禮部主事。改尚書省右司都事。轉員外郎。及尚書省罷，退居任城久之，齊魯間從學者甚衆。延祐六年，授太常禮儀院經歷。英宗立，授翰林待制，陞直學士。泰定二年，授太子贊善，轉禮部尚書兼經筵官。三年，拜中奉大夫翰林侍講學士，兼經筵官。天曆間卒。事蹟見元史卷一七二本傳。碑文叙事，止于延祐三年，似即延祐三年作。惟元史卷一七八王約傳稱約以皇慶元年召見，上疏薦前尚書參議李源、左司員外郎曹元用①，皆除擢有差。是元用除官，在延祐三年以前，不應撰文復書至大中尚書右司銜。然仁宗即位，前尚書省宰執皆以罪誅，元用此時縱有新除，或避嫌辭不行，亦未可知。又元

---

①補注："'左司'，疑當作'右司'。"

制朝散大夫從四品。右司員外郎正六品。今碑元用銜署朝散大夫尚書右司員外郎，階比官高。蓋至大中曾進階也。（元明善仁宗時爲翰林待制承直郎兼國史院編修官，以與修成宗實録加奉議大夫。）婺源本宋縣，元貞元年升州爲下州。元制上州設州尹，中州、下州設知州。吴昌齡延祐中爲婺源州知州，清康熙三十二年婺源縣志卷六、嘉慶十二年婺源縣志卷十官師志俱不載。

郭安道

録鬼簿上前輩才人

曹本録鬼簿彭伯威四不知月夜京娘怨下有小注云："又云郭安道作。"按：安道乃郭貫字。貫，保定人，號西埜。以才行見推擇爲樞密中書掾。至元二十七年拜監察御史。三十年，僉湖南肅政廉訪司事。大德八年，爲集賢待制進翰林直學士。至大四年爲禮部尚書。皇慶二年，爲淮西廉訪使。延祐二年，召拜中書參知政事。明年陞左丞，加集賢大學士。六年，謁告還家。至治元年，復起爲集賢大學士。尋致仕。至順二年卒，年八十二。元史卷一七四有傳。貫博學善文。精篆籀，當世册寶碑額多出其手。姚燧牧庵集卷四送郭肅政安道序稱安道篆書天下一人。陶宗儀書史會要卷七稱安道工篆書，尚氣節，爲君子人。劉因靜脩先生文集卷二十郭安道真贊云：

> 衣冠自同于鄉人，而文章名天下；言論若無所臧否，而風鑒析秋毫。安處下僚，而人不見其屈；力辭兩命，而人不忌其高。我相英華，得其根苗。蓋于此眉睫之間，又見其所以肖夫先君子之捐金購書，揮觴結客，以倜儻起家爲幽、并之豪者也。

静脩大儒，節行甚高，其言如此，亦可以見安道之爲人矣。

尚仲賢

録鬼簿上前輩才人

元有尚從善，字仲良，大名人，業醫，歷官御診太醫，宣授成全郎上都惠民司提點，提舉江浙醫學。嘗類長沙張仲景書爲十圖。袁桷爲作疏，勸衆人共出貲刊之。清容居士集卷四十有尚仲良刊醫書疏。著本草元命苞九卷。其書有自序，後署"至順改元之明年，書于上都惠民司寓居之正己齋"。有後至元三年常熟州知州班惟志序。有馮子振序，不紀年。班序頗著仲良本末。今節録如下：

> 吾友尚君仲良，自總角而志于醫。初受業于信之張先生，盡得其脈訣方術。余嘗下血，夜數十起。迨曉，骨立而無人色。投一劑而愈。因詒之曰："君術出衆，年未艾。方今太醫院並一時俊彦，舉賢如不及。若壯游觀光，必得攀附以展素志而行所學。"未幾，仲良挈家維揚，踵門請謁者無虚日。名大振，達于朝。一辟爲太醫，再選爲御診，侍護帷幄，出入廟堂。中書以開平車駕春秋行幸，官設惠民司，提點久弛；數奏授以宣命往治焉。居三載，謹公帑，擇良藥，官民賴之。久之，捐家財，搆藥局與官廨。朝廷嘉之。再宣授復其任。及代，宣授提舉江浙醫學，實仲良投業發軔之地，比同晝錦焉。予方守琴川，遣价以所編本草元命苞見示求序。予喟然曰：世貴世醫，君學自童子；又貴老醫，君年逼耳順。長以積善累功爲己任，與脈藥相爲體用焉。

據惟志序知尚氏世醫。秋澗詩集有"名醫仲賢"，豈即尚仲賢乎？

尚仲良亦能書。張以寧翠屏集卷一有題尚仲良畫鷺詩。

范冰壺

録鬼簿下,名居中

陶宗儀書史會要卷七:

范居中,字子正,武林人,工筆札。

楊瑀山居新話:

范玉壺(居中之父)作上都詩云:"上都五月雪飛花,頃刻銀妝十萬家。説與江南人不信,只穿皮襖不穿紗。"余屢爲灤陽之行。每歲七月半,郡人傾城出南門外祭奠,婦人悉穿金紗,謂之賽金紗,以爲節序之稱也。

趙良弼

録鬼簿下

吴澄吴文正公集卷四十二金陵王居士墓誌銘:

居士姓王氏。其先自汴來南,一徙再徙而家金陵。諱進德,字仁甫。天曆二年終,年八十有四。其婿徐應隆、涂焕章、吕元知、趙良弼、于德淵、戚光。

此趙良弼,疑即録鬼簿字君卿之趙良弼。戚光,集慶人,至順元年曾纂集慶續志,又注唐年世總釋。名士也。

屈　子　敬

録鬼簿下

尹廷高玉井樵唱卷中送曲子敬上海教官詩：

蜃樓五色倚晴空，□接巍巍孔氏宫。□挾一氈從此去，養容三釜許誰同？禿蛟吸硯生秋霧，健鶻辭韝奮北風。别後□□新作□，好裁玉版寄征鴻。

按：玉井樵唱之"曲子敬"，與録鬼簿之"屈子敬"，當是一人。惟姓一作"曲"一作"屈"不同，必有一誤。然余所見諸本録鬼簿，皆作"屈"，無作"曲"者。疑今庫本玉井樵唱所書誤也。廷高字仲明，遂昌人，大德間任處州路儒學教授。

朱　士　凱

録鬼簿下

明郎瑛七修類稿卷五千文虎序：

夫謎者，隱語也。宋延祐間，東坡、山谷、秦少游、王安石，以隱字唱和者甚衆，刊集四册曰文戲集行于世。金章宗好謎，選蜀人楊圃祥爲魁，有百斛珠刊行。元至正間，浙省掾朱士凱編集萬類，分爲十二門。何以爲"類"？引孟子曰："麒麟之于走獸，鳳凰之于飛鳥，泰山之于丘垤，河海之于行潦，類也。"摘選天文、地理、人物、花木等門四般一同者，故爲之類也。號曰"揆叙萬類"。四明張小山，太原喬吉，古瀰鍾繼先，錢塘王日華、徐景祥，犖犖諸公，分類品題，作詩包類，凡若干卷，名曰包羅天地。

王　思　順

録鬼簿下

燕石集載至正八年中書省咨江浙行中書省文:

皇帝聖旨裏中書省御史臺呈:據監察御史段弼、楊惠、王思順、蘇寧等呈,故翰林直學士亞中大夫知制誥同修國史兼經筵宋褧,翰林供奉史館著述之暇,作爲詩文記序、碑銘雜文一十五卷,或嚴謹純正,或瑰瑋雄贍,或清婉富麗,誠可表儀後進。宜從憲臺具呈中書省于行省有錢粮學校官爲刊行。云云。

蘇　彦　文

録鬼簿下

李祁雲陽集卷二送蘇彦文歸金華序:

金華蘇君彦文,以才學掾江西行省,聲譽翕然。進入中書,擢引進之職。既而以母憂去,假道于廬陵以歸。遂至禾水上。(按:吉州太和縣有禾水,出禾山,東入贛水,見太平寰宇記卷一〇九。)禾川之大夫君子一見君如故交,遂相與約留居。居十餘日,君蹙然不可。乃相與餞君于江之滸,而爲詩以贈。吾聞君當爲掾時廉潔平恕,未嘗以一毫勢力施于人,而又本之以詩書,緣之以詞翰,崇論閎議,傾動一時,是宜禾川之大夫君子喜君之來,惜君之去而不能留也,故爲序以述其作詩之意云。

羅　貫　中

錄鬼簿續編

清顧苓塔影園集卷四跋水滸圖：

羅貫中客霸府張士誠所，作水滸傳，題曰忠義水滸。孟子曰："誦其詩，讀其書，不知其人可乎？是以論其世也。"至正失馭，甚于趙宋。士誠跳梁，劇于宋江。水滸之作，以爲士誠諷諫也。士誠不察。而三百年之後，高傑、李定國之徒，聞風興起，歸于忠義，未必非貫中之教也。山陰陳洪綬畫水滸圖，實崇禎之末年，有貫中之心焉。其筆法仿唐人五星二十八宿真形圖，傳稱宋江等爲星辰降靈故也。

金　文　質

錄鬼簿續編

元詩選癸之戊上：

金文質，號聽雪翁，長興人。性豪蕩，力學好吟，善詼諧，隱居不仕。

陳　伯　將

錄鬼簿續編

戴良九靈山房集卷八寄陳伯將學士：

構廈必衆材，成裘必群腋。自非合才彦，何能定家國。若人蘊嘉猷，生世值明德。鳳池因托身，龍淵尋矯迹。（按：

鳳池謂中書省，龍淵謂東宫。伯將蓋曾入中書，尋爲東宫官，後又拜翰林學士也。)載建家王禮，復睹漢朝則。清芬播方來，惠心邁疇昔。夜直躧天階，晨趨媚蘭室。密謀已究萬，姸論信非一。吾徒方倚賴，微軀荷蘇息。無言腹背羽，永媿排空翼。

元詩選三集：

陳肅字伯將，無錫州人。舉博學鴻才，爲蘭溪州判官，累官翰林學士，兵部尚書，河南行省左丞。至正末，没于兵。

按伯將能畫。張翥蜕庵詩集卷一有題伯將畫詩，序云："陳伯將作北山梓公岳居圖，予題詩其上。""梓公"當作"杼公"，即衡山釋大杼北山，編蜕庵詩者也。

周德清[①]

録鬼簿續編

李祁雲陽集卷二周德清樂府韻序：

天地有自然之音。虞廷載賡，三百篇之權輿也。商頌、周雅，漢魏以來樂府之根柢也。當是時也，韻書未作，而作者之音調諧婉，俯仰暢達，隨其所取，自中節奏，亦何莫而非自然之音哉？韻書作而拘忌多，拘忌多而作者始不如古矣。孟子之于武成，取其二三策，而言曰："盡信書不如無書。"夫以聖人之書，孟子猶未之盡信，而況于後世之書乎？況若沈氏之書者乎？高安周德清，通音律，善樂府。舉沈氏之書而洗空之，考其源流，指其疵謬。特出己見，以陰陽定平聲之

① 補注："周德清軼事見堯山堂外紀卷七十一頁一一上。"

上下，而向之"東""冬""鍾""江"等韻，皆屬下平。以中原之音正四方之音，而向之"混""緩""范""犯"等字，皆歸去聲。此其最明白而易見者，他亦未暇悉論也。蓋德清之所以能爲此者，以其能精通中原之音，善北方樂府，故能審聲以知音，審音以類字。而其説則皆本于自然，非有所安排布置而爲之也。使是書行四方，則必將使遐邦僻嶠之士咸知中原之音爲正，而自覺其侏儒鴃舌之爲可愧矣。又推而施之朝廷，則必形諸歌詠，播諸金石，近之則可追漢代之遺風，遠之則可希商周之雅頌，而虞廷賡歌之意亦將可以聞其彷彿矣。不其盛哉？此序今傳本中原音韻不載。原文稍長，今節録之。

賈　伯　堅

録鬼簿續編

柳貫柳待制文集卷六有贈賈伯堅詩。序云：

因杜掾遷江東奉簡賈伯堅廉使，時方自淮東轉運移節宣城。

詩云：

白簡風生振鷺行，十年身佩紫荷囊。江東使節清霜府，天上詞華明月璫。后土瓊花春寂寂，敬亭雲樹曉蒼蒼。遥瞻謝李題詩處，星象中懸執法光。

許有壬至正集卷八十樂府有望月婆羅門引詞。序云：

偕王仁甫左丞、賈伯堅左司，朝罷過李廷秀參議，因觀盆梅，遂成歡酌。廷秀求詞，醉中賦此。按至正集卷二十七有次賈伯堅左司寄來韻四首，皆絶句，因無事實，與此詞皆不録。

夏庭芝青樓集：

金鶯兒，山東名姝也。賈伯堅任山東僉憲，一見屬意焉。與之甚昵。後除西臺御史，不能忘情，作醉高歌紅繡鞋曲以寄之。臺端知之，被劾而去。

按：録鬼簿續編稱伯堅任揚州路總管，後拜中書左參政事。合以上所引觀之，伯堅仕履，可以知其大概矣。伯堅山東沂州人，清康熙乾隆脩沂州府志均不載。

孫行簡

録鬼簿續編

張以寧翠屏集卷二次王伯純韻詩序：

飲石室山房，醉卧。夜五更，鷄始鳴，明星出未高，伯純秉燭攜詩來。行簡孫君擁被起和之。相視一笑。亦人間奇事也。

按：以寧元順宗元統二年甲戌罷官，寓揚州羸十年。次王伯純韻詩，在揚州時作也。伯純晉人，與以寧最相知，石室山房，是伯純寓揚州之居。翠屏集卷四有石室山房記。

楊梓

樂郊私語

陳旅安雅堂集卷十一楊國材墓誌銘：

君諱梓，字國材。曾祖考諱春，故宋武經大夫；國朝贈中憲大夫、松江知府、上騎都尉，追封弘農郡伯。祖考諱發，故宋右武大夫、利州刺史、殿前司選鋒軍統制官、樞密院副都統；至元内附，改授明威將軍、福建安撫使，領浙東西市舶總司事，贈懷遠大將軍、池州路總管、輕車都尉，追封弘農郡侯。考諱梓，嘉議大夫、杭州路總管致仕，贈兩浙都轉運鹽使、上輕車都尉，追封弘農郡侯，諡康惠。妣陸氏，封弘農郡夫人。初，陸氏有子而殤。次室訾氏，生國材爲長子。大德中，大臣以康惠公有勞于國，請官其子以勸忠。上可其奏。授敦武校尉、贛州路同知寧都州事。俄得疾，卒于官。大德癸卯（七年）五月廿三日也。妣周氏，生子元坦，方晬。康惠公與陸夫人哀不自堪，屬訾氏善護之，曰："吾子蚤世，使是孫有成，吾子爲不死也。"泰定丁卯（四年）冬，康惠公薨。于時陸夫人歿已七載，而訾氏亦先九年歿。康惠公與陸夫人既合葬于德政鄉泊艚山（黄學士文集作泊櫓山）之原；至順壬申，又葬訾氏與寧都君于康惠公之兆。元坦至元再元之四年，以祖廕授從仕郎、饒州路餘干州判官，乃以康惠公歷官行事之槩告于朝，得加美爵令諡；又謁當代名人著神道碑銘。以爲是足以賁（此下當闕一字）顯幽而庶幾爲人後者之道也。

按：康惠次子樞，字伯機，康惠次室徐氏所生。大德五年，年甫十九，浮海至西洋，遇親王合贊所遣使臣那懷等如京師，遂載之以來。那懷等朝貢事畢，請仍以樞護送西還。丞相哈剌哈孫答剌罕如其請，奏授樞忠顯校尉、海運副千户、佩金符，與俱行。以八年發京師，十一年乃至。其登陸處曰忽魯模思。是役凡舟檝糗粮物器之須皆自備，不以煩有司。見黄溍金華黄先生集卷三十五松江嘉定等處海運千户楊君墓志銘。亦豪傑之士也。澉浦楊氏自發總領舶務，築室招商，世攬利權，富至僮奴千指，盡善音樂；飯僧寫藏，建刹徧兩浙三吴間。明興，徙楊氏，籍其家，罷市舶司，不復設。見天啟二年海鹽縣圖經卷六。

張　子　堅

樂府群玉

張憲玉笥集卷八挽張子堅（詩題下注云："諱風。"）：

文僅典州郡，武徒經亂離。異書肥白蠹，雄劍吼蒼螭。身冷家人散，門荒過客悲。忠魂倘爲厲，猶可捍城危。

王　舉　之

樂府群玉

錢惟善江月松風集卷九送王舉之入京就東樵谷：

短衣匹馬佩吴鈎，欲寫關河萬古愁。射雁秋風高紫塞，聽鶯春色滿皇州。黄塵驛路三千里，白玉京城十二樓。無酒送君懷抱惡，過江爲覓故人舟。

丁　藁

趙　伯　寧

録鬼簿上前輩名公篇有“趙伯寧中丞”。按趙伯寧名世安。世安之先爲奉聖州人，後爲易州淶水人。曾祖柔。金末元兵蹂河朔，柔團結義民自保。後降元，爲龍虎衛上將軍，真定涿易等路兵馬都元帥。子守信，廣宗縣尹。守信子貫。貫子世安。世安給事武宗禁闥，又事文宗于潛邸。天曆元年，文宗即位，徵拜參議中書省事。旋入中書，參知政事。二年，文宗讓位于兄明宗；居東宫。改詹事丞，領典用監。復入中書，參知政事①，領經筵事。明宗殂，文宗復即位。陞拜中書左丞。入臺爲御史中丞，階資德大夫。至順二年，立侍正府，以中丞兼侍正。見馬祖常石田文集卷十三勑賜御史中丞趙公先德碑銘。余始讀祖常此文，以爲祖常所叙趙世安，即録鬼簿之趙伯寧，而嫌無據。及讀元史卷一八一虞集傳，歐陽玄圭齋文集卷九虞雍公神道碑，始了然。史稱：“文宗即位，有旨修經世大典，命集任總裁。書成，上進，以

---

①補注：“元史卷一百十二宰相年表：天曆二年參知政事乃趙世安正月任；中書左丞趙世安十月至十二月任；至順元年中書左丞趙世安三月任。”

目疾丐解職,不允。御史中丞趙世安乘間爲集請。曰:'虞伯生久居京師,甚貧,又病目。幸假一外任便醫。'帝怒曰:'一虞伯生汝輩不容耶?'"碑載此事文爲:"公面請補外。諭旨曰:'卿才何所不堪,顧今未可去耳。'中丞趙伯寧乘間爲之請。怒曰:'一虞伯生汝輩不能容耶!'"史與碑同叙一事,史書其名,碑稱其字。故知確是一人也。許有壬至正集卷十八有寄趙伯寧中丞詩。石田文集卷二亦有贊御書雲林二字爲趙伯寧中丞作詩,詩有"聖主敷文化,臺臣得寶書"之語。御書謂文宗御書也。

薛　昂　夫

即馬昂夫,亦即馬九皋

薛昂夫爲元散曲大家。我國學者首注意其人者爲陳援庵先生。元西域人華化考卷四文學篇西域之中國詩人章所論凡十三人。第九人爲薛昂夫。文引松雪齋文集云:"昂夫西戎貴種,嘗執弟子禮于劉須溪之門,詩樂府皆激越慷慨,流麗閑婉,累世爲儒者或有所不及。"又引劉將孫養吾齋集薛超吾字説云:"昂夫爲超吾字。"又引天下同文集所載王德淵薛昂夫詩集序云:"薛超吾字昂夫,其氏族爲回鶻人,其名爲蒙古人,其字爲漢人。"證據確鑿無疑。(王德淵元成宗大德初官翰林。見元史卷十九成宗紀大德二年。)近有隋君樹森,讀天下同文集王德淵此文,以爲可説明薛昂夫家世,特爲文載于文學遺産周刊,而不知陳先生三十年前撰書已先引之也。余留意薛昂夫事亦久,讀書間有所獲,叙其事于下。其爲陳先生已論者則不復論。

薛昂夫本西域人,先世内徙,居懷孟路。祖某,官御史大夫,始居龍興。卒謚清獻。父某,官御史中丞。兩世皆封覃國公。劉將孫薛超吾字説稱薛超吾爲"大行薛君"。"大行"謂懷孟也。

凡蒙古色目人不繫氏于名，但以名行。當時人取其名之首字加于字之上若氏姓然，以便稱謂。故薛超吾稱薛昂夫。其漢姓馬，故又稱馬昂夫。薩天錫詩集有寄馬昂夫總管詩，詩有句云："人傳絶句工唐體，自恐生前是薛能。"以唐薛能擬馬昂夫，正以馬昂夫即薛昂夫也。其號曰九皋，故又稱馬九皋。其弟名唐古德，字立夫，號九霄。以漢姓馬，故人稱馬九霄。稱謂不統一，乃當時之俗如此，不足爲異也。

昂夫初爲江西行中書省令史。

危素説學齋藁卷一望番禺賦自序云："廣東道肅政廉訪使欽察，覈軍民達魯化赤脱歡察兒在廣州多不法事。江南行御史臺遣監察御史鏐振往按之。振受賕，以欽察言非實。欽察忿死。振還至龍興驛舍，白日見欽察于前，因噤而死。未幾，行臺又遣監察御史杜□□訪其事，得今衢州路總管薛超吾爲江西行中書省令史時所賦詩，遂合諸御史上章覈振。後三十有□年，臨川危素聞而哀之，作望番禺。"按素是賦題下自注云："庚寅。"庚寅至正十年。由至正十年上推至皇慶元年，得三十九年。知鏐振欽察案發生在皇慶延祐間。昂夫爲江西行省令史，亦當在此時。

後入京。由秘書監郎官累官僉典瑞院事，西南某路總管。①

楊載楊仲弘詩集卷七呈馬昂夫僉院詩②："君爲胄子入京都，才望高華世所無。秘殿爲郎監玉篆，雄藩作守判銅符。科條自可蘇民瘼，議論還宜贊聖謨。更倚覃懷功業盛，峨峨天柱立坤隅。"按元史百官志，秘書監屬官有著作郎、

①編按：孫先生於自校本此處天眉批注"昂夫曾爲廣西籐州守？""池州路總管""（常州）建德路總管"三條，亦應爲薛昂夫所歷官。

②補注："楊仲弘至治三年八月卒於杭州。"

著作佐郎、秘書郎、校書郎。典瑞院院使下有同知，有僉院。楊詩"秘殿爲郎"，不知指何郎。"覃懷功業"謂其門世。"坤隅"謂西南，然亦不知爲西南何地。

太平路總管。

虞集道園學古録卷三在朝藁，寄馬昂夫總管詩："白髮先朝舊從官，幾年南郡尚盤桓。九華山裏題詩徧，采石江頭酒量寬。雁到京城還日莫，馬懷餘棧又春殘。何時得共鳴皋鶴，八月匡廬散羽翰。"采石磯爲太平路風物。（九華山在池州路，池州與太平接壤。）知虞集在京寄詩時，昂夫方爲太平路總管。太平樂府卷一載馬昂夫塞鴻秋小令二首（原題馬九皋）。其一爲過太白祠謝公池。其二爲凌歊臺懷古。太白祠、謝公池，在青山。凌歊臺在黄山巔。宋陸游入蜀記過太平州日記，于此三古迹頗有描寫。所詠亦太平路風物也。

元統間爲衢州路總管。①

胡翰胡仲子集卷九王子智墓誌銘："君諱臨，授龍游縣典史。龍游，衢屬邑。衢守馬昂夫召諸邑令，議均賦役，而龍游之役，獨署典史蒞之。尋感疾卒。是歲元統甲戌。"按臨子名景行，字希言。蘇伯衡蘇平仲文集卷十四危齋先生

① 補注："羅忼烈兩小山齋論文集一九八二年七月北京中華書局第一版二二二頁引楊載詩'雄藩作守'，二二四頁注⑩云：永樂大典卷三三四二引輿地紀勝籐州：'文仲曰：如吾鄉瀟湘郡志，前爲政者，若吴之賀齊，唐之宋璟、劉幽求，宋之范仲淹、張南軒，元之馬九皋、顔伯（當作"伯顔"）不花的斤，皆重名當時。'據此知昂夫曾作瀟湘郡守，在三衢之前。瀟湘領郡名，輿地紀勝今存，俟查原書。伯顔不花的斤元史卷一九五忠義傳有傳，未嘗言爲籐州守，但云至正十六年授衢州路達魯花赤。又元史伯顔不花的斤傳：至正十七年升浙東都元帥，守禦衢州。擢江東（浙東）道廉訪副使。十八年，江西陳友諒遣賊黨王奉國等，號二十萬，寇信州。明年（十九年），伯顔不花的斤自衢引兵援焉。……六月城陷，伯顔不花的斤自刎。"

王希言墓誌銘云："先生元龍游典史臨之子。龍游府君之卒于官也，先生年十九。郡守馬昂夫率僚屬歸賻甚腆。先生謝不受。洪武辛酉卒，享年六十有六。"據伯衡所記，則王景行生元延祐三年。由延祐三年下數十九年，恰爲元統二年甲戌。與胡翰所記王臨卒年合。由是知昂夫知衢州確在元統間。道園學古録卷二十八歸田稿寄三衢守馬九皋詩："聞道三衢守，年豐郡事稀。詩成花覆帽，酒列錦成圍。鶴髮明春雪，貂裘對夕暉。扁舟應載客，閑聽洞簫歸。"集元統元年請老歸江西。此詩作當亦在元統間。

衢州路總管，是昂夫最後歷官。故危素至正十年作望番禺賦序，猶以衢州路總管稱之。書史會要補遺謂馬九皋官至太平路總管，非也。

立夫初亦爲江西行省令史，志不樂此，棄去。後爲淮東廉訪使司經歷。

吴澄吴文正公集卷十六送唐古德立夫序："唐古德立夫，故御史中丞覃國公之子，今僉典瑞院事薛超吾昂夫之弟也。從事江西行省，志有所不樂而去。予觀昂夫，亦小試其才于此，去而爲達官于朝。立夫之才，豈出兄下？接踵登朝，蓋可期也。于其游杭也，贈之言而勉之以居易俟命焉。"許有壬至正集卷二十九謝淮東廉司經歷馬九霄畫鶴見寄詩："騎上揚州不可招，一朝蜕影入冰綃。凡夫豈敢留仙驥，卻遣銜書赴九霄。"

昂夫立夫兄弟皆能書，見書史會要補遺。云："馬九皋，以字行，回紇人，能篆書。弟九霄亦能之。"今玉山草堂集卷下有至正十六年丙申顧阿瑛所記玉山中亭館扁題，其"玉山佳處""柳塘春"二扁并聯二副，是馬九霄所書。昂夫集曰九皋詩集。劉將孫爲撰序，見養吾齋集卷十。略云："九皋者，幽閒深遠處也，而鶴則樂之。薛君昂夫以公侯胄子人門家地如此，顧蕭然如書生，厲志于詩，名其集曰'九皋'。其志意過流俗遠矣。"集今佚。其詩之傳者極少。孫存吾皇元風雅後集卷一，有馬昂夫送僧詩七律一首(元詩選癸集丙所選同)。明田汝成西湖游覽志餘卷十九，有九皋贈元錢唐善歌者駱生七言古詩一首，甚佳。詩有"如今天地盡風塵"之語，當是至正中作。然但稱九皋而不書姓，故不敢云定是昂夫作①。昂夫曲尤有名。楊維楨東維子集卷十一周月湖今樂府序品元人曲，以馬昂夫與貫酸齋入醞藉一派。其曲在今所見選集曲譜中者，裒之尚得六十餘首。有題"馬九皋"者：如南陵徐氏所刊陽春白雪前集卷二，殘元本陽春白雪卷二，太平樂府卷一卷二卷四，詞林摘豔卷八正宫高隱套所書是。有題"薛昂夫"者：如徐氏刊陽春白雪前集卷四，北京圖書館藏九卷抄本陽春白雪後集卷一，太和正音譜卷上下所書是。有題"馬昂夫"者：如詞林摘豔卷八正宫閨情套所書是。題雖不同，其實皆是一人。如以三人視之則誤矣。

錢大昕元史氏族表卷三，載色目人部族無考者有馬氏。序云："馬氏有封覃國公者，葬于龍興北門外。其子唐古德與吴澄游。"表如下：

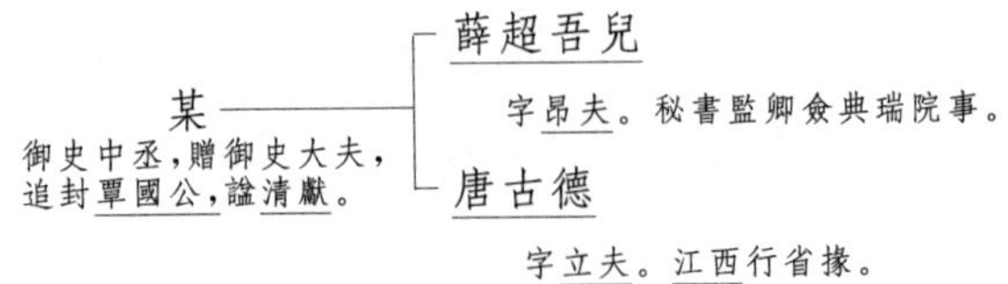

竹汀此表，誤落一世。請以吴澄孫吴當之言證之。學言稿卷二有琴鶴雙清亭詩，爲唐古德作。詩有序云：

①補注："張可久有朝天子題馬昂夫扣舷餘韻。見羅書二二七頁。"

馬君九霄，作亭豫章城居之東北隅，以貯琴書。其祖御史大夫覃國公始居于斯，及今仕于斯者三世矣。覃國公貴而能貧，太常易名清獻，與宋賢趙公（趙閱道）同謚。清獻凡仕所至，惟琴鶴相隨，九霄遂以“琴鶴雙清”名亭云。

據序知謚清獻者乃唐古德之祖，非其父。今重爲一表如下：

某（御史大夫。謚清獻。追封覃國公。）——某（御史中丞。謚不詳。追封覃國公。）——
- 薛超吾（字昂夫。歷官秘書監郎官僉典瑞院事，太平路總管、衢州路總管。）
- 唐古德（字立夫。曾官淮東廉訪使經歷。）

班　彦　功

班彦功，名惟志，號恕齋，汴梁人，寓杭州。師事鄧文原。文原善書，與趙孟頫齊名。元貞間，徽仁裕聖皇后命以泥金書大藏經。文原應聘，率惟志等二十人北上。見元黄溍金華黄先生集卷二十六嶺北湖南道肅政廉訪使文肅鄧公神道碑銘，及明陶宗儀書史會要卷七。徽仁裕聖皇后，弘吉剌氏，名伯藍也怯赤，一名闊闊真。乃世祖子太子真金元妃，成宗之母。太子真金以至元二十二年薨。成宗即位，追謚曰“文惠明孝皇帝”，廟號“裕宗”。尊后爲皇太后。后以大德四年殂，謚曰“裕聖皇后”。至大三年，加謚“徽仁裕聖皇后”。見元史卷一一六后妃傳。元楊載楊仲宏詩集卷四，有贈班彦功五言排律一首。詩云：“名書稱晉代，盛事起江東。内翰鍾奇氣，深情縱古風。摳衣皆弟子，入室自豪雄。欲立千金價，寧論百日功。奏名黄閣老，承詔大明宫。遺教規王氏，陰符易褚公。文學談經早，聲華脱穎同。麥光人共賞，棘刺巧無窮。願積臨池趣，流傳史册中。”詩所叙即承詔寫經事。蓋贈行詩也。黄溍文肅鄧公神道碑，謂寫經畢，弟子二十人皆賞官。然不知惟志得何官。

自此而後，其事迹之可考者：泰定間，補浮梁州教授，就除本州判官。見清道光三年癸未浮梁縣志。元許有壬至正集卷二十五有次班彦功教授韻絶句四首。其一云："烏兔奔騰挽不回，青山還見古人來。梅花都道春風早，辛苦年年最後開。"其二云："詩翁下榻許頻過，駑鈍無堪奈我何。攜得瘦籐歸去後，小窗人少月明多。"惟志與有壬鄉里友善。此二詩，一惜惟志遲暮，一言二人分深。不言惟志爲何處教授。蓋部注教授，守闕在京也。道光浮梁縣志卷十、卷十二"班惟志"名三見。卷十判官"班惟志"下注云："有傳。泰定判。"教授"班惟志"下注云："泰定間任。初補教授，旋晉州判。"卷十二班惟志傳云："鄧文原舉補浮梁州學教授，晉州判。暇則延名士遊，賡詠無虚日，而政亦舉。""晉""進"字通。今元詩選癸集(癸之丙)班惟志小傳云："用鄧文原薦補浮梁州教授，判晉州。"蓋用舊志文，而誤連"晉"、"州"二字爲詞，謂即燕南真定路之晉州。乃一時之疏也。致和間爲紹興路總管府推官。見元詩選癸集。至順三年，爲秘書監典簿。見元王士點、商企翁所編秘書監志卷九(至順三年六月十二日上)。後至元三年，爲平江路常熟州知州，階奉議大夫。見清光緒七年辛巳蘇州府志卷五十三，及元尚從善編本草元命苞卷首所載班惟志序。(光緒蘇州府志云："常熟知州班恕惟志，至元三年任。"注云："姑蘇志作班惟志，字彦功。"按：光緒志"恕"下脱"齋"字。"恕齋"是號，非名也。明王鏊姑蘇志不誤。元尚從善本草元命苞，余未見。今據愛日精廬藏書續志卷三引。續志載班序，末署"至元三年十二月十六日奉議大夫平江路常熟州知州友人班惟志叙"。)至正初，爲江浙儒學提舉司提舉。見黄溍金華黄先生文集卷十杭州路儒學興造記。(記云："至正二年夏，細人之家，不戒于火。持正等四齋盡燬。四年夏,儒學提舉班公惟志方俾執事者度木簡材,而李君祁來爲副提舉,亟命學正録直學等揆日庀工。”按:記作于至正七年。)元王逢梧溪集卷一,有簡班恕齋提學七言律詩一首。詩云:“一官湖上似閑居,酒滿瓠尊架滿書。庭草春深眠叱撥,研池月上影蟾蜍。猶聞桂樹歌招隱,未可丹崖賦遂初。漢主久思班氏學,定虚天禄召安車。”蓋惟志宦不達,晚居江南儒司,有退志,故逢以此詩慰藉之也。秩滿北上,授集賢待制。至正五年東陽胡助授承事郎太常博士致仕,惟志有和助致仕留别詩。見純白齋類藁附録。(青樓集“張玉蓮”條:“班彦功儒司秩滿北上,張作小詞折桂令贈之。”彦功儒司秩滿,當在至正四年與五年之間,故五年在京有和胡助留别詩。)後南歸,卒于杭州。以至正集卷二十九題班彦功山水扇頭絶句有“錢塘江上又秋風,老友淪亡夢不通”之句知之。陶宗儀書史會要卷七,夏文彦圖繪寶鑒卷五,并云:“惟志官至集賢待制,江浙儒學提舉。”元詩選癸集惟志傳,則叙惟志官集賢待制于浮梁州判官之後、紹興路總管府推官之前,殊爲可疑。余按:黄溍作文肅鄧公神道碑,在至正九年夏。碑追叙鄧文原書大藏經事,云:“公應聘,率門人前集賢待制班惟志(元刊本“志”誤“中”)等二十人北上。”明溍作碑文時,惟志官集賢待制已致仕。故稱其最後官曰“前集賢待制”。溍與惟志乃同時相知之人,所言必確,故余定集賢待制爲惟志最後歷官。

惟志博學多能。圖繪寶鑒謂惟志善墨戲。(許有壬有題惟志山水扇頭詩。張翥有題惟志水墨達摩像詩,見蜕庵詩集卷一。)浮梁縣志謂惟志“少穎異,工文詞,善篆書”。書史會要謂惟志“早歲宗二王,筆勢翩翩,不失書家法度。晚年學黄華,應酬塞責,俗惡可畏。文宗嘗評其書,謂如醉漢罵街”。黄華即金王庭筠,字子端,自號黄華山主,書法學米元章,金史所謂“與趙渢、趙秉文俱以書名家"者也。惟志亦能曲,見録鬼簿上,以爲"方今名公有樂府行世者"。又見太和正音譜上,在"傑作一百五人"中。清王士禎池北偶談卷十五朱文公書條,記所得晦翁墨迹一卷,卷首有柯敬仲題字,後有歐陽圭齋及大梁班彦功跋。注云:"彦功,元人善詞曲者。"是惟志曲學,漁洋亦知之矣。元有右丞温迪罕者,家于汴梁,資禀素美,嘗從惟志學爲詞章。久遊淮海。元末,入西域。見明使至,不勝鄉土之思,嘗賦絶句寄明治書侍御史瑣納兒加。繼作唐律一章獻明丞相胡惟庸,憂深思遠,若不勝情。惟庸以詩上聞。明太祖覽之惻然,敕丞相御史大夫而下,咸屬而和之。見明宋濂翰苑别集卷三(宋學士文集卷三十三)寄和右丞温迪罕詩卷序。

馬　致　遠

元曲家馬致遠,録鬼簿上有小傳,云:"大都人,號東籬老,江浙行省務官。"以致遠曲及張可久、賈仲明曲考之,知致遠與王伯成、盧疏齋同時相識。(賈仲明補録鬼簿王伯成弔詞云:"馬致遠忘年友。"陽春白雲前集卷二有致遠和盧疏齋湘妃怨詞詠西湖小令四首。)于張可久爲前輩。(可久今樂府有慶東原次馬致遠先輩韻小令九首。)至治初猶存。(北詞廣正譜五帙有致遠中吕粉蝶兒"至治華夷"套爲至治改元作。)又自稱在京朝二十年。(陽春白雲前集卷三有致遠撥不斷小令云:"九重天,二十年,龍樓鳳閣都曾見。")而録鬼簿上,載李時中黄粱夢乃時中與馬致遠、花李郎、紅字李二合編。賈仲明補弔詞,以爲是元貞時事。然則致遠乃至元泰定間人也。至元人集中所記有三個馬致遠:一是許州馬致遠;二是集慶馬致遠;三是廣平馬致遠。今分别論之。

許州馬致遠,見元王惲秋澗大全集。卷五十九文通先生墓表碑陰先友記云："馬寅字致遠，許州人。性雅重，嗜古學，恬于仕進。"文通先生乃惲之父，名天鐸，字振之。惲爲父撰墓表，兼記其父友四十三人于碑陰，用柳宗元先君石表陰先友記例也。天鐸生金章宗泰和二年壬戌，卒蒙古憲宗七年丁巳。年五十六。墓表立于蒙古憲宗八年戊午，碑陰所記諸人，其時尚多有存者。此許州馬致遠，縱立碑時尚存，且年比天鐸小，亦不能到元英宗時。故知其人非曲家馬致遠。

集慶馬致遠，見明張以寧翠屏集。卷一有題馬致遠清溪曉渡圖詩。題下自注云："致遠，廣西憲掾。子琬，從予學。"琬字文璧，從楊維楨授春秋。至正末寓松江。洪武三年，召爲撫州知府。善書畫，詩亦清脱。著有灌園集、偏旁辨證，貝瓊皆爲撰序。(明詩綜卷十三，清江貝先生集卷七卷十三。)輟耕録卷十云："近扶風馬文璧琬作諭卦，切中時病，真得風刺之正。"余所見故宫博物院藏馬琬松壑觀泉圖，署"扶風馬文璧"。扶風乃其族望，實則琬江寧人也。以寧字致道，福建古田人，元泰定四年丁卯進士，由黄巖判官進六合尹。元統二年坐事免。自是留滯江淮者十餘年。至正九年入京。歷官國子助教，翰林侍讀學士知制誥。明初，例徙南京。復授侍講學士。洪武二年奉使安南。三年還，道卒。年七十。(明史文苑傳，宋濂翠屏集序，及翠屏集二自挽詩石光霽注。)其詩録于下：

今晨高卧不出户，歲晏黄塵九逵霧。美人遠别索題詩，眼明見此清溪之曉渡。溪旁秀林昨夜雨，落花一寸無行路。歌闌桃葉人斷腸，艇子招招過溪去。紅日青霞半晦明，白雲碧嶂相吞吐。詩成君别我亦歸，此景宛是經行處。我呼九曲峰前船，君帆正渡瀟湘渚。雁去冥冥紅葉天，猿啼歷歷青楓樹。是時美人不相見，我思美人美無度。美人之材濟時具，我老但有滄洲趣。他時開圖思我時，溪上春深采芳杜。

詩作于集慶。詩云："詩成君别我亦歸，此景宛是經行處。我呼九曲峰前船，君帆正渡瀟湘渚。"言致遠别後赴廣西憲掾任，而已則歸鄉也。以寧罷官後歸鄉，可知者二次。一在後至元六年庚辰。（集卷二過瀞州答子烜和韻詩注云："以後七言律，皆庚辰年南歸作。"南歸後不久復返揚州。故集卷三有在揚州所撰送王伯純遷葬河東序云："余遊于揚羸十年。"）一在至正九年己丑前某時。（集卷二太和縣舟中二絶句長序有"己丑辭家客燕二十年"之語。）庚辰己丑間，以寧年四十餘。詩又云："是時美人不相見，我思美人美無度。美人之材濟時具，我老但有滄洲趣。"審詩意似以寧年比致遠長。即使二人年相若，則致遠大德至大間年尚幼，决不能與盧疏齋酬唱。張小山比二人大二十餘歲，亦不得呼致遠爲先輩也。故知此馬致遠亦非曲家馬致遠。

廣平馬致遠名稱德（亦作驤德）。曾祖仁，祖晉，俱力農。父興，蚤從伯顔南征，論功授百户。官至江陵公安縣尉。致遠至大四年由江浙行中書省員外郎擢寧國路總管府府判，階奉議大夫。延祐三年丁父憂，去職。六年服闋，授慶元路奉化州知州，階如故。至治二年秩滿，除吉安路吉水州知州。三年到任。以後事不詳。致遠在寧國，頗有善政。及官奉化，大興水利。開新河，修建碶堰十餘，溉田數十萬畝。又修州學，立鄉學數百所。鏤活字板十萬字，模印經籍。百廢俱興，實近古罕有之良吏。州人德之，爲立生祠。其得代而去也，又爲立去思碑。（以上據元鄧文原巴西集，延祐四明志，至正四明續志，清乾隆奉化縣志，光緒吉安府志。）致遠與鄧文原交最久，相知愛。文原延祐三年爲致遠父作墓誌銘；致遠在奉化脩儒學，增置學田，并爲作記。（文見至正四明續志卷七，乾隆奉化縣志卷十二。）袁桷亦爲作奉化州開河碑、奉化三皇廟碑。(文見清容居士集卷二十五。)此廣平馬致遠,至大至治間宦江浙,至治末始改官江西。以時考之,當爲至元泰定間人。疑即曲家馬致遠。

世傳致遠天淨沙小令"枯籐老樹昏雅"一首,寫景甚工,人多喜之。以元盛如梓庶齋老學叢談卷中所引考之,致遠此調實有三首。文如下:

北方士友傳沙漠小詞三闋,頗能狀其景:

瘦籐(樂府新聲作"枯籐")老樹昏雅。遠山(樂府新聲作"小橋")流水人家。古道西風瘦馬。斜陽(樂府新聲作"夕陽")西下。斷腸人去天涯(樂府新聲作"在天涯")。

平沙細草斑斑。曲溪流水潺潺。塞上清秋早寒。一聲新雁。黄雲紅葉青山。

西風塞上胡笳。月明馬上琵琶。那("那"字疑誤)底昭君恨多("多"字疑誤)。李陵臺下。淡烟衰草黄沙。

"李陵臺"乃大都上都間站赤。見經世大典驛傳篇(今有永樂大典本)。元王惲中堂事紀上:"中統二年三月四日,次桓州故城西南四十里,有李陵故臺。道陵敕建祠宇,故址尚在。"道陵者,金章宗也。又云:"新桓州距舊桓州三十里。開平距新桓州四十五里。"楊允孚灤京雜詠上"李陵臺畔野雲低"絶句自注云:"此地去上京百里許。"與中堂事紀合。清嘉慶一統志牧廠篇:"威鹵舊驛今牧廠地,土人呼爲博羅城,在獨石口東北一百四十里,亦名李陵臺。明初置驛于此,爲開平西南第二驛。博羅城址,周一里二百八十餘步。"據此,知李陵臺之名,至清猶存。以是言之,則致遠天淨沙三首,乃上都紀行詞也。

劉唐卿

劉唐卿見録鬼簿上前輩才人篇。云:"太原人,皮貨所提舉。""提舉"當作"提領"。元史卷八十百官志,載中書工部所領有大都皮貨所,至元二十九年置,通州皮貨所,延祐六年置。其官提領一員,大使一員,副使一員,用從九品印。唐卿如爲大都皮貨所提領,不得在至元二十九年前。又云:"唐卿即在王彦博左丞席上曾詠'博山銅細裊香風'者。"①王彦博即王約。元史卷一七八有傳。約,真定人。至元十三年,以翰林學士王磐薦入仕。大德末爲刑部尚書。至大間爲太子副詹事,受知仁宗。至大四年,仁宗即位,特拜河南行省右丞。皇慶元年入朝,特拜集賢大學士。尋拜樞密副使。至治三年,復拜集賢大學士,商議中書省事。至順四年卒。年八十二。録鬼簿"王彦博左丞","左丞"當作"右丞"。彦博至元三十一年,曾爲中書右司員外郎。右司領兵刑工三房。皮貨所提領所掌,與右司有關。疑唐卿與彦博相識即在此時矣。唐卿有李三娘麻地捧印、蔡順摘椹養母二劇。李三娘劇已佚。蔡順養母今有明鈔本,在錢曾所編也是園古今雜劇中。其折桂令博山銅曲元至治泰定間大都有名女優順時秀于散散學士家歌之。見輟耕録卷四。

侯正卿

侯正卿見録鬼簿上前輩才人篇。云:"真定人,號艮齋先生。

---

①補注:"'博山銅細裊香風',乃姚牧庵雙調蟾宫曲(俗名折桂令),見陽春白雪前集卷之二。"

作‘授鞍和袖挽絲繮’，‘良夜迢迢露華冷’黄鐘行于世。”按正卿明易。其弟子知名者有郭郁。郁字文卿，號復齋，汴梁人，家于大名。大德十一年，爲江浙行省都事，受易學于正卿。皇慶元年，除知浮梁州。國子司業鄧文原方以病乞假在杭，贈以序。序稱“文卿受易于真定侯先生，不間寒暑風雨，每讀書至夜分乃寐。”其嗜之篤如此。正卿送行詩云：“案牘勤勞自幼年，慨然歲晚授韋編。姓名亦與廉能列，鄉里仍聞孝友傳。政固在寬須盡義，民雖常愛必親賢。一言爲汝終身戒，好惡無私可與權。”郁官浮梁五年。其在官第三年爲延祐元年，正卿復寄詩勉之。詩云：“令下能如草偃風，民歸復若水朝東。是非淆亂由多欲，邪正分明本至公。時論已傳今勝昔，汝心當以始要終。三年平地爲山了，九仞無虧一簣功。”此二詩，今庫本艮齋詩集俱不載。詩不工而意甚正，郁所至有政聲，蓋亦師教使然也。（以上郭郁事及正卿贈詩，據清容居士集卷二十七元故贈中憲大夫吏部侍郎郭公神道碑銘及元無名氏撰編類運使復齋郭公敏行録。贈侍郎郭公，名天祐，字祐之，乃郭郁之父。）至泰定中，郁爲慶元路總管，乃以正卿所著大易通議付梓，俾袁桷爲之序。序在清容居士集卷二十一。略云：“郡侯郭文卿示易通義一帙，曰：此真定侯先生所述也。先生幼喪明，聆群兒誦書，不終日能悉記其所授。稍長，習詞章，自謂不學可造詣。既而悔曰：‘吾明于心，刊華食實，莫首于理。理以載道。原易以求，則爲得之。’于是精意讀易。旁通曲會，參以己説，而名之曰通義。今年逾九十，康色未艾。先生名克中，字正卿。郭侯俾叙其書。不讓而爲之序焉。”桷序述郭郁之言，四庫全書總目艮齋詩集提要全取之，而明言出處。云：“通義已不傳，而袁桷所作序尚見清容居士集中，可略見克中本末。”静安先生曲録二于侯克中劇後附著克中事蹟，但引四庫全書提要而不引清容集，蓋偶未檢原書也。郁以泰定二年十一月三十日之慶元路總管任(據至正四明續志卷一)。四年冬陞福建都轉運使而去。袁桷則以泰定初致仕歸慶元,四年八月卒,尚在郁離慶元任之前。由是知桷爲大易通義序,必在泰定二年十二月後,四年八月前。是時正卿年九十餘。其生當在金正大末,宋嘉熙初,當元太宗三年與九年之間。蓋比白仁甫小數歲,而壽則過之。元代詞人老壽未有如正卿者也。正卿曾居汴梁。至元中由汴梁徙浙中。其弟字良卿,先正卿卒。子名濬。俱見艮齋詩集。所撰闞盼盼春風燕子樓劇,今佚。套數之存者,如録鬼簿所舉"良夜迢迢露華冷"一套,見樂府新聲卷上。唯"良夜迢迢"作"涼夜厭厭"。"鏡中兩鬢皤然矣"一套,見太平樂府卷八。"暮雲樓閣景蕭疏"一套,見詞林摘豔卷五。"春風燕子樓"之作,蓋以譏方萬里也。

康進之

康進之見録鬼簿上前輩才人篇。天一閣本無注。曹本注云:"棣州人。"按元初有康顯之。名曄,高唐人。明尚書義,金末第進士。憲宗二年壬子,東平帥嚴忠濟創府學。五年乙卯落成,招諸生肄業。東序隸教官梁棟,西序隸教官王磐。署曄儒林祭酒以主之。弟子百餘人,後多爲聞人。如閻復、徐琰、李謙、孟祺、張孔孫、夾谷之奇等是也①。元好問北渡後,屢至東平,與曄周旋。今遺山集卷九有官園探梅同康顯之詩。又有别康顯之詩,詩有"鄭監才名四十年"之句。"鄭監",施國祁無注。似用鄭虔爲廣文博士事。蘇天爵國朝文類卷四十七載曄謝嚴東平賜馬

① 補注:"元史卷一六九張九思傳:至元十九年冬,立詹事院,以九思爲丞,遂舉名儒上黨宋道、保定劉因、曹南夾谷之奇、東平李謙,分任東宫官屬。"

啟云："詩書廢棄，難追韓愈之飛黄；鄉里歸來，亦乏少游之款段。不圖衰朽之蹤，曲被閑馳之惠。""韓愈飛黄"，似用韓愈爲國子博士及勸子符勤讀書事。知曄主東平府學時齒已暮。蓋于王磐猶爲前輩。所著有淡軒文集，今佚。其卒不知在何年。惟袁桷清容集卷二十七文康閻公神道碑銘，稱閻復"幼從贈翰林學士康公，康大器之"。知曄卒贈翰林學士而已。録鬼簿康進之，疑于曄爲兄弟行。其劇老收心、杏花莊，演梁山濼李逵事，皆涉東平。蓋亦曾寓東平者也。

石　子　章

石子章見録鬼簿上前輩才人篇。天一閣本説集本無注。曹寅本注云："大都人。"然無事蹟。王静安宋元戲曲考元戲曲家小傳始定其人與元遺山、李顯卿（庭）同時。然遺山、顯卿文，静安先生均未引。蓋不重視之，以爲中無子章事蹟也。余按遺山有送石子章詩，題爲答石子章因送其行。見遺山全集卷九。詩云：

> 石粱詩好先知名，尊酒相逢意自傾。寶劍沈埋惜元振，鐵檠豪宕見胡釭。藍田月出多重暈，豐嶺霜餘即大鳴。後日天山望征騎，燕鴻歸處是雲程。

詩不知何時作，然必在癸巳北渡後。"後日天山望征騎"，謂子章有西域之行也。顯卿有送石子璋北上詩，見寓庵集卷二。詩云：

> 滄海横流不見邊，徒杠石倒賴籐纏。何人解補中原道？老馬重過敕勒川。河朔賞音依舊好，趙州詩句斬新鐫。東垣儘有磨崖在，更看繩橋第二篇。

東垣即真定。趙州乃真定帥府所轄。"徒杠""繩橋"，指子章昔作石梁詩事。故余疑趙州有子章石橋詩刻石。詢之孫君貫文，知北京大學有搨本（石在趙州大石橋北洞南壁，今佚，惟傳搨本）。以搨時石已殘，文字不全。惟詩前題名“柳城石建中”五字尚完。詩只存五行二十四字，有“石梁高構”等字樣。詩後有河東張肅子敬跋。跋稱“建中字子章，石晉之後，柳城人”。又稱“真定史公”云云。柳城即北京路興中府。“真定史公”，蓋指史天澤。北京乃史氏發跡之地。天澤父秉直，叔父進道，從木華黎攻下北京。兄弟治北京各十餘年，太宗時始致仕，居真定。子孫皆貴顯，天澤尤著。天澤四娶，初娶石氏（據蘇天爵國朝文類卷五十八所載王磐中書右丞相史公神道碑），或與北京石氏有連，亦未可知也。張肅，河中府人。北渡後，依史天澤。癸巳歲，元遺山曾薦之于耶律楚材。至元五年，張德輝曾薦之于世祖，謂其可任風憲（蘇天爵國朝名臣事略卷十）。歷官北京行省郎中，東平路宣撫副使，提刑按察使。至元十五年卒（秋澗集卷十八，元史卷四世祖紀中統元年）。子章爲此詩時，蓋與肅同客游真定，故肅爲文記之。吾讀子章石橋詩刻石搨本，甚喜。以子章爲石晉之後，名建中，爲余前所不知者也。繼于元史卷一四九石天應傳中，復發現與石子章有關史料，亦頗自喜。傳文摘録于下：

> 石天應字瑞之，興中永德人。太祖時，太師國王木華黎南下，天應率衆迎謁軍門。木華黎即承制授興中府尹，兵馬都提控，俾從南征。以功拜龍虎衛上將軍，元帥右監軍，戍燕。屢從木華黎，大小二百餘戰，常以身先士卒。累功遷右副元帥。辛巳（太祖十六年），從木華黎征陝右。攻葭州，拔之。木華黎表授金紫光禄大夫，陝西河東路行臺兵馬都元帥。秋九月移軍河中。金人潛入中條，襲河中。天應力戰，死之。子焕中，知興中府事；執中，行軍千户；受中，興中府

相副官。初天應死事時，弟天禹、子佐中突城出，趨木華黎行營，求得蒙古軍數千，回與敵戰，敗之。木華黎嘉其勇，奏授金虎符，行元帥。尋詔將官各就本城，授興中府千户。

子章蓋石天應子行，故與天應子姪連名"中"字也。北京路興中府石氏，何以爲石晉之後？舊五代史卷八十五晉書少帝紀云：

開運三年正月，契丹入寇。十二月癸酉，帝奉表于戎主，請罪。明年正月辛卯，契丹制降帝爲光禄大夫、檢校太尉，封"負義侯"，黄龍府（今遼寧省開原縣治）安置。癸卯，帝與皇太后李氏，皇太妃安氏，皇后馮氏，皇弟重睿，皇子延煦、延寶俱北行。渡遼水，至黄龍府，此即戎主所命安置之地也。漢乾祐元年八月，永康王（遼世宗）下陘（冷陘），太后馳至霸州（遼霸州，後升興中府），詣永康，求于漢兒城寨側近賜養種之地。永康令于建州住泊。漢乾祐二年二月，帝至建州。其後割寨地五十餘頃，其地至建州數十里。

遼史卷三十九地理志：

建州保静軍上節度。漢乾祐元年，故石晉太后詣世宗，求于漢[兒]城側耕墾自贍。許于建州南四十里給地五十頃，營構房屋，創立宗廟。

同書卷八七六耶律合里只傳：

重熙（遼興宗年號）中，充宋國生辰使。館於白溝驛。宋宴勞。優者嘲蕭惠河西之敗。合里只曰："勝負兵家常事。我嗣聖皇帝（遼太宗）俘石重貴，至今興中有石家寨。"

興中府即今遼寧省朝陽縣治。建州與永德，俱在今朝陽縣境内，清嘉慶一統志卷四十三承德府二有考。文如下：

> 建州故城在朝陽縣西。遼太祖置建州。金因之。今縣境之黄河灘有廢城址,週七里有奇。
>
> “漢兒城”在朝陽縣境内。五代史晉家人傳:李太后馳至霸州見永康王,求于漢兒城側賜地種牧以爲生。今縣屬土默特境,有地名“五十家子”,有廢城週二里許,四門久圮,城中有浮圖一,在大凌河之南,即其地。
>
> 安德故城在朝陽縣東南柏山上。遼置安德州,治安德縣,屬興中府。金廢州,以縣屬興中府。大定間改名永德。
>
> 柏山在朝陽縣屬土默特右翼東七十里。山頂有遼安德州城廢基,斷井頹垣,猶可辨識。山半有遼靈巖寺舊址。乾統八年耶律邵碑尚存。

晉少帝居建州十六年而殂。其後裔歷遼至金有徙永德者,故石天應爲永德人。然則石子章爲石晉之後,可謂信而有徵矣。元有石天麟,北京人。見歐陽玄圭齋文集卷九元故翰林學士貫公(酸齋)神道碑。云:“公娶石氏,北京名家江陵總管天麟之女。”元史卷九世祖紀載至元十三年二月辛丑,伯顔令张惠①、阿剌罕、董文炳、左右司官石天麟、楊晦等入城(臨安),取軍民錢穀之數閲實倉庫,收百官誥命符印。② 卷一二七伯顔傳載至元十二年三月庚寅,伯顔遣左右司員外郎石天麟詣闕奏事。當是一人。余疑石天麟亦石天應之族。以其家元初多顯仕,故曰“北京名家”也。(元有兩“石天麟”:一北京石天麟,即貫酸齋婦翁;一燕京順州石天麟,憲宗時使海都,被拘留二十八年始得還,元史卷

---

①補注:“張惠元史卷一五七有傳,又見卷一百十二宰相年表至元四年至八年參知政事、十一年至十二年中書左丞。”

②補注:“元史張惠傳:(惠)遷中書左丞,進右丞。伯顔帥師伐宋,十二年夏,詔惠主其饋餉,凡江淮錢穀皆領之。十二〔十三〕年春,宋降,伯顔命惠與參知政事阿剌罕等入城,按閲府庫版籍,收其太廟及景靈宫禮樂器物、册寶、郊天儀仗。”

一五三有傳。）

余于連平范氏刊蔣易國朝風雅、王旭蘭軒集中，復發見石子章名。國朝風雅卷六有陳節齋落花寄石子章韻七律一首。節齋乃陳祐號。祐一名天祐，字慶甫，趙州寧晉人。由穆哥大王府侍從官歷官南京路治中，河南府總管，衛輝路總管，山東東西道提刑按察使，南京路總管兼開封府尹。至元十四年，爲浙東道宣慰使。檢覆慶元台州民田。值民變，被戕，年五十六。見元史卷一六八本傳及秋澗集卷五十四浙東道宣慰使陳公神道碑銘。祐官南京路治中，在至元二年；官南京路總管，在至元十三年。此詩似爲遊金故宮而作。蓋至元初官南京時所爲詩也。詩云：

蘭麝香消委廢宫，紛紛漠漠夕陽中。長門夢斷金閨月，南國歌殘玉樹風。流水池塘春色去，緑陰庭院彩雲空。西園半醉休回首，烟草萋萋雨正紅。

蘭軒集卷六有送石子章歸省鄭南詩，亦七律。旭字景初，東平人。師事杜善夫。與同郡王構及永年王磐俱以文章名世，天下號爲"三王"。詩云：

天上瓊宫隔紫微，黄塵空染芰荷衣。三年客館魚歌斷，千里鄉關雁信稀。東野自憐詩作祟，豐城誰識劍騰輝？文章更比黄金重，未信還家不下機。

如此詩作在李顯卿送子章詩後，則子章北上不得意而歸，且據詩知子章是時家于興元也。

姚　守　中

姚守中見録鬼簿上前輩才人篇。曹本有注云："洛陽人，牧庵學士侄，平江路吏。”牧庵學士即姚燧。燧先世爲營州柳城人，金時遷洛陽。燧與諸從兄弟名皆從“火”旁。其父兄弟三人名皆從“木”旁。其子三人名皆從“土”旁。牧庵集卷十二希真先生祠碑，有族侄埭，疑即守中。文稱：“希真先生姓王，名道清，字正之，河中臨晉人。棄家爲道士，居汴之丹陽觀。賜號希真純素大師。至元十三年卒。後七年，族侄埭自汴至長安。無他求，惟誦君夙昔之賢，曰：是埭所善也。且爲人亦公所詳。宜銘其祠。”後七年，爲至元十九年。是時，燧爲陝西漢中道提刑按察司副使。劉致撰年譜，謂“王希真祠堂銘”無歲月可考，當作于至元十五年。非也。“埭”，年譜作“墱”，當是别構。廣韻“代”韻：“埭，徒耐切。以土堨水。”類篇十三下“土”部：“埭，壅水也。堨，其例切，堰也。又阿葛切，遮擁也。”今江南猶多埭堰，以土石壅水，視水之溢淺、天之旱潦而及時泄閉之，是謂“守中”。守中所撰郝廉留錢等三劇，皆佚，惟套數中吕粉蝶兒牛訴寃一篇尚存，見太平樂府卷八。

趙　天　錫

趙天錫見録鬼簿上前輩才人篇。云：“汴梁人，鎮江府判。”按：元有三趙天錫。一冠氏人，名天錫，字受之，以千户領冠氏縣。元遺山北渡後與之善。天錫殁，遺山爲作神道碑銘。見遺山集卷二十九。此人喜接近文儒，然决非録鬼簿之趙天錫。一陳州人，字天錫，名祐，由平江路吏歷官江浙行省照磨、都事，江浙財賦總管。爲人謹嚴剛正。鄭元祐曾客于其家，所作遂昌山人雜録記祐軼事最多。其爲吾邱衍娶妾事，見胡長孺吾子行文冢銘及輟耕録卷六。子期頤，字子期，擢泰定四年丁卯進士，至正中位至執政。期頤得篆法于吾邱衍，爲文亦甚工美。元人集中屢見其名，而鄭元祐僑吴集中所見尤多。祜事既著，其子復有名，故後世治元曲者或以爲即録鬼簿之趙天錫。然官與録鬼簿所記不合，非一人也。一汴梁人，字天錫，名禹珪，曾爲江南行大司農司管勾，見至順鎮江志卷十七。（江南行大司農司，立于至元二十四年，初置司于平江，徙揚州，兼管兩淮農事，元貞元年省。）又爲鎮江府判官，階承直郎，以至順元年七月二十七日上，三年十月致仕。見至順鎮江志卷十五。其最後歷官與録鬼簿所記同，定是一人。王静安先生曲録二據録鬼簿謂趙天錫汴梁人，鎮江府判。又謂即輟耕録所載爲吾邱衍娶妾之趙天錫，混二人爲一。非是。其録曲餘談又謂爲吾邱衍娶妾之趙天錫，非曲家，曲家趙天錫爲鎮江府判，見至順鎮江志。則真得之矣。趙天錫劇有試湯餅何郎傅粉、賈愛卿金釵剪燭二種，均佚。小令見于陽春白雪前集卷二者，有折桂令題金山寺一首。見于太平樂府卷三者，有雁兒落帶過清江引、碧玉簫二首；其第一首題美河南王。見于詞林摘豔卷一者，有風入松四首。金山寺正是鎮江風物。河南王乃卜憐吉帶，蒙古兀良合氏。曾祖速不台，平中原，受汴降。祖兀良合台，平大理。父阿朮，平宋。武宗時，俱追封河南王。卜憐吉帶官至河南行中書省左丞相。以延祐元年封河南王，見元史卷二十五仁宗紀。程雪樓集卷四有丞相卜憐吉帶封河南王制。爲人寬博有量，輟耕録卷十五“河南王”條記其事。天錫美河南王曲，有“蓋村居緑野堂”、“訪謝安在東山卧”之語。蓋曾謁之于汴梁别墅也。

陳　存　甫

陳存甫見録鬼簿下。云：“名以仁。杭州人。家務雍容，不求聞達。日與南士大夫交游。博古，善謳歌。其樂章間出一二，俱有騈麗之句。”(“家務雍容”以下曹本録鬼簿無,今據天一閣本補書之。)按元孫存吾皇元風雅後集有復齋陳以仁,云“三山人”。三山即福州。選詩三首。其一爲次熊勿軒韻詩。熊勿軒即熊禾,建陽人。宋咸淳十年進士。宋亡不仕,教授鄉里。卒于元皇慶元年,年六十。陳復齋蓋是勿軒後輩。張翥蛻庵詩集卷三有送陳復齋歸婺之武義清寧觀詩。元武義縣屬婺州路。此詩必是翥在杭州時所作。以翥未嘗至福建也。詩云:“武川道館白雲間,蕭散真宜羽客閑。丹侶有期開藥灶,青童應在守蘿關。岡頭叱石成羊起,花下吹笙馭鶴還。歲晚相思擬相覓,只愁落葉滿空山。”余謂陳以仁字存甫,號復齋,以福州人寓杭州,晚居婺州爲道士。録鬼簿陳存甫傳雖不云其人道,而弔詞云:“錢塘風物盡飄零,賴有斯人尚老成。爲朝元恐負虛皇命。鳳簫寒,鶴夢驚,駕天風直上蓬瀛。芝堂靜,蕙帳清,怨虛梁落月空明。”詞用道家語,與張翥詩同,則其人確以道士終,與陳復齋爲一人無疑也。存甫劇録鬼簿所録有十八騎誤入長安、錦堂風月二種,今佚。也是園古今雜劇所收有鈔本雁門關存孝打虎,不題撰人。今以李玄玉北詞廣正譜考之,其十六帙所引陳存甫存孝打虎越調鬬鵪鶉套牌名次序,與此調中之古竹馬曲全文,與鈔本悉合,知鈔本即陳存甫劇。十八騎誤入長安,也是園目作李存孝誤入長安。蓋與存孝打虎同爲當時民間所傳五代史故事。然元史劉整傳云:“整隸宋荆湖制置使孟珙麾下。珙攻金信陽,整爲前鋒。夜縱驍勇十二人渡塹登城,襲擒其守。還報,珙大驚。以爲唐李存孝率十八騎拔洛陽,今整所將更寡,而取信陽,乃書其旗曰‘賽存孝’。”是又一宋元間李存孝傳説也。

吴仁卿

元鍾繼先撰録鬼簿，其上卷所編“前輩已死才人傳奇”，得之于陸仲良。陸仲良見録鬼簿下，云：“名登善，揚州人，家于杭。”陸仲良得之于吴克齋。克齋乃吴仁卿號。吴仁卿亦見録鬼簿下。云：“名弘道，號克齋，官至府判，致仕。”所著散曲集金縷新聲、曲海叢珠（曲海叢珠似選集）并劇五種皆佚，唯陽春白雪、太平樂府、樂府群玉等書，曾選其小令套數若干首而已。按仁卿所著尚有中州啟劄四卷。書今有傳本。前有大德五年辛丑江西等處儒學副提舉許善勝序。略云：“江西省檢校掾史吴君仁卿，裒中州諸老往復書尺爲一編，輟己俸鋟梓。仁卿名宏道，金臺蒲陰人也。”元制都省行省皆有檢校官，掌檢查列曹文字之稽滯乖違者而糾正之。其行省檢校所檢校一員，從七品。金臺，指大都。蒲陰乃保定路祁州所領縣。保定路直隸中書。其稱“金臺”某縣，猶明人之稱北京某縣也。元張鉉至正金陵新志卷六官守志載建康路總管府提控案牘、兼照磨、承發架閣，有吴弘道，泰定二年上。余斷定此人决非蒲陰吴弘道。以元路首領之提控兼照磨架閣乃九品官，秩甚卑；仁卿大德五年已爲行省檢校，苟非有特殊原因長期閑住，不應于二十四年後尚爲路提控兼照磨架閣。且録鬼簿作于至順元年，明言仁卿以府判致仕也。

錢子雲

録鬼簿下錢子雲小傳，頗略。元末人集如邵亨貞野處集、蟻術詩選、蟻術詞選，錢惟善江月松風集，楊維楨東維子集，往往涉及錢子雲事。今括諸家所説，叙其事如下：錢子雲名霖，世居松江南城。博學工文章。才可用而世不用，遂棄俗爲黄冠。更名“抱素”，號“素庵”。初營庵于松江東郭，有二齋號“封雲”“可月”，邵亨貞、錢惟善均有詩詠之（邵詩見詩選卷六，錢詩見集卷九）。後遷湖州。故人又以爲吴興人。晚居嘉興，築室于鴛湖之上，命名曰“藏六窩”。因又自號“泰窩道人”。楊維楨爲作藏六窩志（東維子集卷二十二）。其人道蓋在天曆至順間。至正十六年尚存。故邵亨貞有至正丙申次錢素庵氏州第一韻詞（詞選卷二）。亨貞又有挽錢素庵鍊師詩（詩選卷六），不知作于何時。子雲有詞集名漁樵譜。楊維楨爲撰序，極稱之，以爲有寄閑父子之風（東維子集卷一）。寄閑謂張樞，字斗南。子張炎，字叔夏，即著山中白雲詞者也。維楨序又稱“子雲裔出吴越王。有起進士第號竹鄉翁家置萬卷堂者，其曾王父”。然邵亨貞至正十六年爲錢南金（名應庚）作一枝安記，稱“宋社遷百年于兹。雲間遺族有三錢：其一居市中，爲武肅王（吴越王鏐）諸孫，今其人猶存，而鐘鼎之習靡矣。其一居市東者，爲參政象祖之裔（按象祖吴越王裔），今不復見其人。又其一居城西（“西”疑“南”字之誤），爲南渡宦家，支蔓最衍，風流文采間有存者，予及識其子孫。素庵子善詩詞清談，卒爲老子之徒。今之存者，惟南金以明經教授，爲錢氏文脈所在”云云（野處集卷一），不言子雲爲吴越王裔。疑維楨第取同姓中最有名者稱之耳，然此亦不足論也。子雲爲曲極工巧，其集名醉邊餘興。又嘗類諸公所作爲江湖清思集。今俱佚。其曲見于樂府群玉卷三者，有清江引小令四首。見于輟耕録卷十七者，有哨遍套數一首。哨遍套數乃譏人以善經紀致富而鄙且嗇者，詞極激切。陶宗儀評此曲，以爲曲雖爲某而作，然亦可以爲世勸云。

李齊賢

李齊賢見録鬼簿下。云:“與余同窗,後不相聞,亦有樂府播傳。”孫存吾皇元風雅後集卷一有李齊賢。云:“青州人。”當是一人。蓋寓錢塘者也。陳樵鹿皮子集卷二有答李齊賢言别詩。卷四有分題送李齊賢詩三首:其一爲繡衣亭,其二爲占星臺,其三爲半湯湖。三詩皆涉集慶。繡衣亭在句容縣茅山。集慶占星臺,乃至正元年所建。半湯湖在上元縣境,其水半冷半熱。(占星臺、半湯湖,俱據嘉慶辛未江寧府志。府志占星臺作觀象臺,半湯湖作半陽湖。)今樵半湯湖詩云:“廣文暇日頻相過,幾度沈思甑物情。”知樵爲詩時,齊賢方授集慶路學官。繡衣亭詩云:“華陽古洞亭猶在,句曲山深鶴未歸。寄語仙人張伯雨(金華叢書本作“伯羽”,誤),何時邂逅説玄微?”伯雨至治二年住茅山。後至元二年歸錢塘,遂不復去。至正六年卒。(據道園學古録卷四十八崇壽觀碑及劉基撰句曲外史張伯雨墓誌銘。)審樵詩意,知爲詩時伯雨尚未亡。李齊賢赴集慶路學官任,其時當在至正元年與六年之間。録鬼簿謂與齊賢“後不相聞”,蓋謂不通音信,非不知其事也。

鍾繼先

鍾繼先著録鬼簿,備元一代詞曲文獻,其書至今爲人所重。明無名氏録鬼簿續編有鍾繼先傳。稱:“繼先名嗣成,古汴人,號醜齋。以明經累試于有司,數與心違。因杜門養浩然之志。著録鬼簿,實爲己而發。善音律,□隱語。有文集若干卷藏于家。所編小令套數極多,膾炙人口。惜其傳奇皆在他處按行,故近者不知，人皆易之。”其叙事極簡該。今以繼先書證之。如曾瑞卿，大興人，家于錢塘；施君美，錢塘人。傳則云：“余嘗至其家”，“獲聞言論”。睢景臣傳云：“大德七年自維揚來杭，余與之識。”周仲彬傳云：“居杭州，余與之交二十年，未嘗跬步離。元統二年，余自吴江回，公已抱病。”王仲元傳云：“杭州人，余與之交有年。”知繼先杭州人。其自署曰“古汴”，他人以爲古汴或大梁人者，皆舉其祖貫也。又于陳彦實、劉宣子、屈子敬、李齊賢四人，皆云“與余同舍”（“舍”或作“窗”）。知繼先曾入杭州官學。于趙君卿則云：“總角時與余同里閈，同發蒙。同師鄧善之、曹克明、劉聲之三先生。又于省府同筆硯。”而朱凱録鬼簿後序亦云：“繼先乃善之鄧祭酒、克明曹尚書之高弟。”知繼先之學，淵源有自。且曾爲江浙行省掾史。此皆爲録鬼簿續編所不詳者也。鄧善之即鄧文原。曹克明即曹鑑。元史俱有傳。文原，綿州人，自其父避蜀兵徙錢塘。宋咸淳九年，年十五，中進士舉。宋亡，開門授徒，户屨常滿。至元二十七年，江浙行省辟署杭州路儒學正。大德二年秩滿，調崇德州儒學教授。五年，擢應奉翰林文字。自此顯達，敭歷中外。天曆元年卒于杭州，年七十。文原至治三年以集賢學士奉政大夫兼祭酒。故朱凱序以祭酒稱之。實則官階不止于是也。鑑，宛平人。後至元元年爲禮部尚書。俄卒，年六十五。今朱凱序署至順元年。下距後至元元年，尚有五年。凱不應于五年前預知鑑爲禮部尚書。“至順”蓋“至正”之誤耳。史但稱鑑大德五年爲鎮江淮海書院山長，不言爲杭州學官。然戴表元剡源戴先生集卷二十七有次元明善詩。序云：“大名元復初郎中攜示感遇五言八章。次韻。并陳東平曹子貞（曹元用）編脩，薊丘曹克明教授。”表元此詩，乃大德四年在杭州時所作。集卷十四有贈曹子貞編脩序，稱：“庚子夏，曹子貞訪之于錢塘逆旅。”可證。然則鑑大德四年固嘗爲教授矣。劉聲之，名濩，莆田人。嘗以經學教授錢塘。殁後,門人瞿士弘集其遺文若干篇。金華黄溍跋其後。繼先師鄧文原,當在至元末、元貞初;師曹鑑,當在大德初。其時繼先年尚少。至至順元年爲録鬼簿時,年約五十餘;至至正五年補書録鬼簿"喬夢符"時,年約七十。蓋與張小山年相若。

繼先劇,録鬼簿續編所録凡七本。其中譏貨賂魯褒錢神論一本,立義必有可觀。惜與他本俱佚。小令在樂府群玉、太平樂府中者,各有二十首。套數南吕一枝花自序醜齋一首,見太平樂府卷八。讀其自序,牢落不平之氣,猶溢于行間也。

劉　廷　信

劉廷信事迹,略見録鬼簿續編。云:

> 先名("先名"疑當作"先字")廷玉,行五。身長而黑,人盡稱"黑劉五舍"。與余先人至厚。風流藴藉,超出倫輩。風晨月夕,唯以填詞爲事。有"枕頭痕一綫印香腮"雙調,和者甚衆,莫能出其右(此雙調一套見詞林摘豔卷五)。又有"絲絲楊柳風"、"金風送晚涼"南吕等作,語極俊麗(此南吕二套并見詞林摘豔卷六),舉世歌之。兄廷幹,任湖藩大參,因之卒于武昌。

又稱其在武昌日,與江西元帥蘭楚芳賡和樂章,人多以元白擬之。青樓集般般醜小傳則云:

> 劉廷信者,南臺御史劉廷翰之族弟,俗呼曰黑劉五。落魄不羈,工于笑談。天性聰慧。至于詞章,信口成句,而街市俚近之談,變用新奇,能道人所不道者。

合二書所記觀之,知廷信詞學富贍,善運用俗語,乃元散曲家之別具一格者。詞林摘豔選其詞最多。讀之,知青樓集之評信然。楊維楨東維子集卷十一沈生樂府序謂:元樂府"自疏齋、酸齋以後,小山局于方,黑劉縱于圓。局于方,拘才之過。縱于圓,恣情之過。"黑劉即廷信也。青樓集劉廷翰,當作劉廷幹。廷幹名貞,至正八年,爲南臺監察御史(蘇天爵滋溪文藁卷三浙西察院題名記)。十一年爲南臺都事(文則楊翮序)。十三四年頃,由内御史,宣徽院判,出爲嘉興路總管(張翥蛻庵詩集卷一送劉廷幹總管之嘉禾詩)。擢海道都漕運萬户(王逢梧溪集卷一奉寄劉廷幹都漕詩)。張士誠陷平江,貞由都漕奔越。就除浙東廉訪使。復除江浙參政,南臺侍御史。以病辭。隱閩中。二十一年卒。年七十三(宋濂宋學士文集卷十三故義士胡府君壙銘,梧溪集卷四上故南臺治書侍御史劉公挽辭)。嗜經籍。所刊逸周書、大戴禮、吕氏春秋、韓詩外傳、文心雕龍、陳騤文則,皆其父御史克誠所校。其本今存。録鬼簿續編云:"廷信兄廷幹,任湖藩大參。""幹"字定誤[①],以廷幹未嘗爲湖廣參政也。梧溪集劉公挽辭云:"惟公家益都,先世彭城貫。"知廷幹益都人。廷幹從祖復新,曾爲上都留守,見輟耕録卷二十三田夫人條。余疑廷幹兄弟爲至元名將劉國傑即劉二霸都之裔。國傑系出女真烏古倫氏。後入中州,始以劉爲姓。父德寧,元初爲宗王斡真必闍赤。王分地在青齊,命德寧管領益都軍民公事,遂家于益都。如余言不誤,則廷信本女真人也。[②]

---

①編按:"'幹'字定誤"一句,疑應作"湖藩字誤"。

②編按:自"余疑廷幹"句至段末,底本括出,疑擬删去。

楊澹齋

楊澹齋選元諸賢曲及己作爲陽春白雪、太平樂府二集，并題"青城澹齋楊朝英"。陽春白雪，皇慶中貫酸齋序之。太平樂府，至正十一年辛卯春，巴西鄧子晉序之（鄧之晉疑是鄧文原族人）。今皆有傳本。其事迹不詳。惟張之翰西巖集卷一有題楊英甫郎中澹齋詩。"英甫"似澹齋字。詩云：

至人寡于欲，達者無所嗜。或不接世俗，或不談榮利。賢哉吾英甫，學古亦已至。以澹名其齋，涉世良有爲。滅除是非心，消落憂喜意。山色秀可餐，溪光清可醉。詩嚼陶謝深，易吐朱程秘。但得静中趣，何思身外事。老天未相容，正坐才具累。前年作郡守，今年署郎位。跡居喧擾中，興在瀟灑地。琴閑鶴長飢，竹瘦梅欲悴。待君早歸來，享此無盡味。

張之翰至元末由翰林學士除松江知府。元貞二年卒于任。見輟耕録卷二十七"桃符讖"條。此詩作必在元貞二年以前。周巽性情集卷五有上歐陽玄詩。序云："奉贄歐陽承旨圭齋于書臺楊青城宅。時公來參族譜。"書臺，地名，在龍興（南昌）。相傳漢高士徐孺子故宅在此（原本説郛卷五十一引豫章古今記）。楊青城，疑指楊澹齋。然則澹齋蜀青城人而家于龍興者也。楊維楨至正七年作周月湖今樂府序云："士大夫以今樂府鳴者，奇巧莫如關漢卿、庾吉甫、楊澹齋、盧疏齋。"（東維子集卷十一）以澹齋與關、庾、盧并論，知維楨甚重其詞矣。

録鬼簿[1]

①編按：此本所録爲孫先生手批曹寅楝亭藏本録鬼簿（古書流通處借南陵徐氏藏揚州詩局重刊本影印）原文，由編輯部標點，用字一依原本，除長篇按語及記録外，於孫先生朱、墨、橙、藍各色校語俱不録，請參後附原本影印件。

整理説明

元人鍾嗣成所著録鬼簿，約成書於公元一三三〇年，係中國歷史上首部爲雜劇曲家、藝人立傳之作。所録百數十人，包含其本人所處時代前後"前輩已死名公有樂府行於世者"、"前輩已死名公才人有所編傳奇行於世者"、"方今已亡名公才人余相知者"、"方今才人相知者"、"方今才人聞名而不相知者"等七類。其中"方今已亡名公才人余相知者"，並"爲之作傳，以凌波曲弔之"，所作凌波曲於傳主生平遭際、代表作品，俱評斷妙絶。清代康熙時期揚州詩局刻楝亭藏本録鬼簿，爲著名藏書家、曹雪芹祖父曹寅輯刻楝亭藏書十二種之一。揚州詩局所刻書籍雕鏤精良，字體秀逸，不亞宋版，世稱善本，爲康熙時期乃至清代書籍刊刻代表作。王國維先生即以此楝亭藏本爲其録鬼簿校注之底本。

孫楷第先生手批楝亭藏本録鬼簿爲一九二一年上海古書流通處影印本。半頁十一行，白口雙魚尾，左右雙欄。朱、墨、橙、藍四色精心批校。曹本墨字之外，朱筆爲校清代藏書家戴光曾手鈔本（借名陳鱣藏本），黄（橙）色爲校明鈔説集本，藍筆爲校清人尤貞起鈔本。孫先生於此本内扉"古書流通處借南陵徐氏藏本影印"頁手録尤貞起序，並於此序後自注："尤鈔本鍾序前有尤貞起鈔書序，録於此。廿八年五月九日記，柴進里人。"柴進里人爲孫先生別署，以與水滸中小旋風柴進同爲滄州人氏故也。原刻本之珍貴，不言而喻；孫先生之校勘，於此本之境更上數番，兹特爲原本影印，並附此本墨筆原文於前，以便對勘。

中華書局編輯部

二〇二一年八月

尤　序[1]

余於丁亥孟冬候友某檢書案，得録鬼簿一册，計卅餘頁。問所從來，知某老先生囑録也。因竊假鈔手録。時有友某者觀之，掩口笑。叩之，則曰："録書難，録無益書更難。子何録無益之書乎？故笑之。"余曰："書之有益無益，存乎人之好與不好耳。好則無益亦有益，不好有益亦無益。玆簿縱無益乎，余心竊好之，故録焉。有益無益，姑勿論。"友亦唯唯。録畢，聊誌問答。甪里棘人尤貞起書於鮮照齋。

尤貞起印　霞雪 段氏

尤鈔本鍾序前有尤貞起鈔書序，録於此。廿八年五月九日記，柴進里人。

---

① 編按：此序爲孫先生手録，特予收入。此本所録爲曹本原文，由編輯部標點，用字一依原本，於孫先生長篇按語亦予收入，以楷體别之，以便檢閲。

鍾　序

賢愚壽夭，死生禍福之理，固兼乎氣數而言，聖賢未嘗不論也。蓋陰陽之詘伸，即人鬼之生死，人而知夫生死之道，順受其正，又豈有巖牆桎梏之厄哉？雖然，人之生斯世也，但以已死者爲鬼，而不知未死者亦鬼也。酒罌飯囊，或醉或夢，塊然泥土者，則其人與已死之鬼何異？此固未暇論也。其或稍知義理，口發善言，而於學問之道甘於暴棄，臨終之後，漠然無聞，則又不若塊然之鬼爲愈也。予嘗見未死之鬼弔已死之鬼，未之思也，特一間耳。獨不知天地開闢，亘古及今，自有不死之鬼在。何則？聖賢之君臣，忠孝之士子，小善大功，著在方册者，日月炳焕，山川流峙，及乎千萬劫無窮已，是則雖鬼而不鬼者也。余因暇日，緬懷故人，門第卑微，職位不振，高才博識，俱有可録，歲月彌久，淹没無聞，遂傳其本末，弔以樂章。復以前乎此者叙其姓名，述其所作，冀乎初學之士刻意詞章，使冰寒於水，青勝於藍，則亦幸矣。名之曰録鬼簿。嗟乎！余亦鬼也。使已死未死之鬼，作不死之鬼，得以傳遠，余又何幸焉！若夫高尚之士，性理之學，以爲得罪於聖門者，吾黨且噉蛤蜊，别與知味者道。

至順元年龍集庚午月建甲申二十二日辛未，古汴鍾嗣成序。

新編録鬼簿卷上

古汴　鍾　嗣成　編

前輩已死名公有樂府行於世者

董解元 大金章宗時人，以其創始，故列諸首。

太保劉公秉忠

商政叔學士

杜善夫散人

閻仲章學士

張子益平章

王和卿學士

盍志學學士

楊西庵參政

胡紫山宣慰 少凱

盧疏齋學士 處道

姚牧庵參政

徐子方憲使

不忽木平章

史中丞

張九元師

荆漢幹臣参政

陳草庵中丞

張夢符憲使

陳國賓憲使

劉中庵承旨

馬彦良都事

趙子昂承旨

閻彦舉學士

白無咎學士

滕玉霄應奉

鄧玉賓同知

馮海粟待制

貫酸齋學士

曹光輔學士

張洪範宣慰

方今名公

郝新庵左丞

曹以齋尚書 克明

劉時中待制

薩天錫照磨

李溉之學士

曹子貞學士

馬昂夫總管

班恕齋知州 彦功。

馮雪芳府判

王繼學中丞

右前輩公卿居要路者，皆高才重名，亦於樂府留心，蓋文章政事，一代典型，乃平日之所學，而歌曲詞章，由於和順積中，英華自然發外。自有樂章以來，得其名者止於此，蓋風流蘊藉，自天性中來，若夫村樸鄙陋，固不必論也。

前輩已死名公才人有所編傳奇行於世者

關漢卿 大都人。太醫院尹。號已齋叟。

關張雙赴西蜀夢

董解元醉走柳絲亭

丙吉教子立宣帝

薄太后走馬救周勃

太常公主認先皇

曹太后死哭劉夫人

荒墳梅竹鬼團圓

閨怨佳人拜月庭

風月狀元三負心

没興風雪瘸馬記

金銀交鈔三告狀

蘇氏進織錦回紋

介休縣敬德降唐

昇仙橋相如題柱

金谷園緑珠墜樓

漢匡衡鑿壁偷光
劉夫人書寫萬花堂
吕蒙正風雪破窑記
晏叔元風月鷓鴣天
錢太尹智寵謝天香
姑蘇臺范蠡進西施
開封府蕭王勘龍衣
杜槃娘智賞金線池
柳花亭李婉復落娼
望江亭中秋切鱠旦
甲馬營降生趙太祖
賢孝婦風雪雙駕車
雙提屍寃報汴河寃
老女壻金馬玉堂春
宋上皇御斷姻緣簿
崔玉簫擔水澆花旦
晉國公裴度還帶
隋煬帝牽龍舟
風雪狄梁公
屈勘宣華妃
月落江梅怨
煙月舊風塵
管寧割席
白衣相高鳳漂麥
孫康映雪
唐明皇哭香囊
唐太宗哭魏徵

鄧夫人哭存孝

關大王單刀會

温太真玉鏡臺

武則天肉醉王皇后

翠華妃對玉釵

漢元帝哭昭君

劉夫人救啞子

劉盼盼鬧衡州

吕無雙銅瓦記 瓦，一作凡。

風流孔目春衫記

萱草堂玉簪記

錢大尹鬼報緋衣夢

楚雲公主酹江月

魯元公主三啾赦

醉娘子三撇嵌

詐妮子調風月

高文秀 東平人。府學。早卒。

黑旋風詩酒麗春園

黑旋風大鬧牡丹園

黑旋風敷演劉耍和

老郎君養子不及父

黑旋風鬬雞會

黑旋風窮風月

黑旋風喬教學

黑旋風雙獻頭

黑旋風借屍還魂

禹王廟霸王舉鼎

忠義士班超投筆

五鳳樓潘安擲果

好酒趙元遇上皇

木叉行者鎖水母

豹子尚書謊秀才

豹子秀才不當差

豹子令史干請俸

病樊噲打吕青胥

劉先主襄陽會

窮秀才雙棄瓢

煙月門神訴寃

須賈誶范睢

周瑜謁魯肅

風月害夫人

伍子胥棄子走樊城

太液池兒女竝頭蓮

鄭元和風雪打瓦罐

醉秀才戒酒論杜康

相府門廉頗負荆

御史臺趙堯辭金

志公和尚開啞禪

宣帝問張敞畫眉

鄭廷玉 彰德人。

楚昭王疏者下船

齊景公駟馬奔陣

采石渡漁父辭劍
冷臉劉斌料到底
布袋和尚忍字記
孟縣宰因禍致福
風月郎君雙教化
寃報寃貧兒作富
宋上皇御斷金鳳釵
包待制智勘後庭花
吹簫女悔教鳳凰兒
尉遲公鞭打李道煥
子父夢秋夜欒城驛
賣兒女没興玉公綽
一百二十行販揚州
看錢奴寃家債主
奴殺主因福折福
曹伯明復勘贓
漢高祖哭韓信
蕭丞相復勘贓
孟姜女送寒衣
風月七真堂
孫恪遇猨

白仁甫 文舉之子,名樸。真定人,號蘭谷生。贈嘉議大夫,掌禮儀院太卿。

秋江風月鳳皇船
鴛鴦簡牆頭馬上
蕭翼智賺蘭亭記
唐明皇秋夜梧桐雨

韓翠蘋御水流紅葉

董秀英花月東牆記

祝英臺死嫁梁山伯

楚莊王夜宴絶纓會

蘇小小月夜錢塘夢

薛瓊月夜銀箏怨

唐明皇游月宫

漢高祖斬白蛇

閻師道趕江

泗上亭長

崔護謁漿

庾吉甫 名天錫。大都人。中書省掾，除員外郎、中山府判。

隋煬帝江月錦帆舟

孟嘗君雞鳴度關

會稽山買臣負薪

薛昭誤入蘭昌宫

封陟先生罵上元

英烈士周處三害

楊太真霓裳怨

楊太真華清宫

常何薦馬周

裴航遇雲英

列女青綾臺

玉女琵琶怨

秋夜凌波夢

秋月粲珠宫

蘇小春麗春園

馬致遠 大都人。號東籬。任老江浙行省務官。

劉阮誤入桃源洞

江州司馬青衫淚

風雪騎驢孟浩然

太華山陳摶高卧

凍吟詩踏雪尋梅

大人先生酒德頌

吕太后人彘戚夫人

吕洞賓三醉岳陽樓

王祖師三度馬丹陽

孟朝雲風雪歲寒亭

吕蒙正風雪飯後鐘

孤雁漢宫秋

李文蔚 真定人。江州路瑞昌縣尹。

漢武帝死哭李夫人

蔡逍遥醉寫石州慢

盧亭亭擔水澆花旦

張子房圯橋進履

報寃臺燕青撲魚

濯錦江魚雁傳情

謝安東山高卧 趙公輔次本鹽咸韻。

謝玄破苻堅

金水題紅怨

秋夜芭蕉雨

風雪推車記

燕青射雁

李直夫 女直人。德興府住。即蒲察李五。

念奴教樂府

武元皇帝虎頭牌

穎考叔孝諫莊公

鄧伯道棄子留姪

風月郎君怕媳婦

尾生期女渰藍橋

宦門子弟錯立身

歹鬭娘子勸丈夫

俏郎君占斷風光好

謊郎君敗壞盡風光好

晏叔原風月夕陽樓

吴昌齡 西京人。

唐三藏西天取經

張天師夜祭辰鉤月

浣花女抱石投江

那吒太子眼睛記

浪子回回賞黄花

鬼子母揭鉢記

月夜走昭君

狄青撲馬

貨郎末泥

王實甫 大都人。

東海郡于公高門
孝父母明達賣子
曹子建七步成章
才子佳人拜月庭
韓彩雲絲竹芙蓉亭
崔鶯鶯待月西廂記
蘇小郎月夜販茶船
四大王歌舞麗春臺
吕蒙正風雪破窰記
趙光普進梅諫
詩酒麗春園
陸績懷橘
雙渠怨
嬌紅記

武漢臣 濟南府人。

抱姪攜男魯義姑
虎牢關三戰吕布 鄭德輝次本。
女元帥挂甲朝天
曹伯明錯勘贓 次本。
窮韓信登壇拜將
趙太子剏立天子班
鄭瓊娥梅雪玉堂春
謝瓊雙千里關山怨
散家財天賜老生兒
四哥哥神助

王仲文 大都人。

淮陰縣韓信乞食

洛陽令董宣强項

感天地王祥卧冰

七星壇諸葛祭風

漢張良辭朝歸山

齊賢母三教王孫賈

諸葛亮秋風五丈原

趙太祖夜斬石守信

救孝子賢母不認屍

孟月梅寫恨錦江亭

李壽卿 太原人。將仕郎，徐縣丞。

説專諸伍員吹簫

月明三度臨岐柳

船子和尚秋蓮夢

吕太后定計斬韓信

吕太后夜鎮鑑湖亭

司馬昭復奪受禪臺

鼓盆歌莊子歎骷髏

吕太后祭滻水

吕舞雙遠波亭

辜負吕舞雙 與遠波亭關目同。

尚仲賢 真定人。江浙行省務官。

張生煮海

崔護謁漿 十六曲次本。

尉遲恭三奪搠

陶淵明歸去來辭
鳳皇波越娘背燈
洞庭湖柳毅傳書
没興花前秉燭旦
武成廟諸葛論功
海神廟王魁負桂英
漢高祖濯足氣英布

石君寶 平陽人。

士女秋香怨
吕太后醢彭越
柳眉兒金錢花
窮解子紅綃驛
魯大夫秋胡戲妻
東吴小喬哭周瑜
李亞仙詩酒曲江池
趙二世醉走雪香亭
張天師斷歲寒三友
諸宫調風月紫雲亭

楊顯之 大都人。與漢卿莫逆交，凡有珠玉，與公較之。

劉泉進瓜
黑旋風喬斷案
醜駙馬射金錢
臨江驛瀟湘夜雨
蕭縣君風雪酷寒亭 旦末本
蒲魯忽劉屠大拜門

大報寃兩世辨劉屠
借通縣跳神師婆旦

紀天祥 大都人。與李壽卿、鄭廷玉同時。

驢皮記
曹伯明錯勘贓
李元真松陰記
趙氏孤兒寃報寃
韓湘子三度韓退之
信安王斷復販茶船

于伯淵 平陽人。

白門斬吕布
吕太后餓劉友
丁香回回鬼風月
莽和尚復奪珍珠旗
尉遲公病立小秦王
狄梁公智斬武三思

戴善甫 真定人。江浙行省務官。

伯俞泣杖
宫調風月紫雲亭
關大王三捉紅衣怪
陶秀竇醉寫風光好
柳耆卿詩酒翫江樓

王廷秀 山東益都人。淘金千户。

鹽客三狀告

秦始皇坑儒焚典
周亞夫屯細柳營
石頭和尚草庵歌

張時起 字才英。東平府學生，長蘆居。

昭君出塞
賽花月秋千記 六折。
霸王垓下別虞姬
沈香太子劈華山

費唐臣 大都人。君祥之子。

斬鄧通
漢丞相韋賢籯金
蘇子瞻風雪貶黄州

趙子祥

崔和擔土
風月害夫人 次本。
太祖夜斬石守信 次本。

姚守中 洛陽人。牧庵學士姪。平江路吏。

漢太守郝連留錢
神武門逢萌挂冠
褚遂良扯詔立東宫

李好古 保定人，或云西平人。

張生煮海
巨靈劈華嶽
趙太祖鎮凶宅

趙文殷 彰德人。教坊色長。

渡孟津武王伐紂

宦門子弟錯立身 次本。

張果老度脱啞觀音

張國寶 大都人。即喜特營。教坊勾管。

漢高祖衣錦還鄉

薛仁貴衣錦還鄉

相國寺公孫汗衫記

紅字李二 京兆人。教坊劉耍和壻。

病楊雄

板踏兒黑旋風

折擔兒武松打虎

李郎 劉耍和壻。或云張國寶作。

㑳懆判官釘一釘

莽張飛大鬧相府院

趙天錫 汴梁人。鎮江府判。

試湯餅何郎傅粉

賈愛卿金錢剪燭

梁進之 大都人。警巡院判，除縣尹，又除大興府判，次除知和州。與漢卿世交。

趙光普進梅諫

東海郡于公高門 旦本。

王伯成 涿州人。有天寶遺事諸宫調行於世。

張騫泛浮槎

李太白貶夜郎

孫仲章 大都人。或云李仲章。

卓文君白頭吟

金章宗斷遺留文書

趙明道 大都人。

陶朱公范蠡歸湖

韓湘子三赴牡丹亭

趙公輔 平陽人。儒學提舉。

晉謝安東山高卧 汴本。

棲鳳堂倩女離魂

李子中 大都人。知事,除縣尹。

崔子弑齊君

賈充宅韓壽偷香

李進取 大名人。官醫大夫。

窮解子破傘雨

神龍殿欒巴噀酒

司馬昭復奪受禪臺

岳伯川 濟南人,或云鎮江人。

羅光遠夢斷楊貴妃

吕洞賓度鐵拐李岳

康進之 棣州人。一云陳進之。

黑旋風老收心

梁山泊黑旋風負荆

顧仲清 東平人。清泉場司令。

陵母伏劒

滎陽城火燒紀信

石子章 大都人。

秦翛然竹塢聽琴

黄貴娘秋夜竹窗雨

侯正卿 真定人，號艮齋先生。

關盼盼春風燕子樓

史九散人 真定人。武昌萬户。

花間四友莊周夢

孟漢卿 亳州人。

張鼎智勘魔合羅

李寬甫 大都人。刑部令史，除廬州合淝縣尹。

漢丞相丙吉問牛喘

李行甫 絳州人。

包待制智賺灰欄記

費君祥 大都人。唐臣父與漢卿交。有愛女論行於世。

才子佳人菊花會

江澤民 真定人。

糊突包待制

陳寧甫 大名人。

風月兩無功

陸顯之 汴梁人。有好兒趙正話本。

宋上皇碎冬凌

狄君厚 平陽人。

晉文公火燒介子推

孔文卿 平陽人。

秦太師東窗事犯 一云楊駒兒作。

張壽卿 東平人。浙江省掾吏。

謝金蓮詩酒紅梨花

劉唐卿 太原人。皮貨所提舉。在王彦博左丞席上曾詠"博山銅細裊香風"者。

蔡順摘椹養母

李三娘麻地捧印

彭伯威 保定人。

四不知月夜京娘怨 又云郭安道作。

李時中 大都人。中書省掾，除工部主事。

開壇闡教黄粱夢 第一折馬致遠，第二折李時中，第三折花李郎學士，第四折紅字李二。

右前輩編撰傳奇名公，僅止於此。才難之云，不其然乎。余僻處一隅，聞見淺陋，散在天下，何地無才，蓋聞則必達,見則必知,姑叙其姓名於右。其所編撰,余友陸君仲良,得之於克齋先生吴公,然亦未盡其詳。余生也晚,不得預几席之末,不知出處,故不敢作傳以弔云。

新編録鬼簿卷上

(明鈔説集本"前輩已死名公"共五十三人,次序與曹序大不同,今依其次,别録諸人名于左:無趙公輔、李行甫、花李郎。

關漢卿　白人甫　庾吉甫　高文秀　馬致遠　王實甫
李文蔚　侯正卿　史九散仙　孟漢卿　尚仲賢
戴善甫　張時起　李寬甫　李時中　彭伯威　費君祥
紀君祥　趙天錫　梁進之　江澤民　楊顯之　陳寧甫
李壽卿　王伯成　孫仲章　趙明遠　劉唐卿　李子中
武漢臣　王仲文　陸顯之　李取進　于伯淵　岳伯川
康進之　王庭秀　費唐臣　趙子祥　石子章　李好古
狄君厚　孔文卿　姚守中　張壽卿　吴昌齡　石君寶
顧仲清　鄭廷玉　李直夫　趙文英　張國宝　紅字李二)

新編録鬼簿卷下

古汴　鍾　嗣成　編

方今已亡名公才人余相知者，爲之作傳，以凌波曲弔之

宫天挺

天挺字大用，大名開州人。歷學官，除釣臺書院山長。爲權豪所中，事獲辨明，亦不見用。卒於常州。先君與之莫逆交，故余常得侍坐，見其吟詠文章，筆力人莫能敵，樂章歌曲，特餘事耳。

嚴子陵釣魚臺
會稽山越王嘗膽
死生交范張雞黍
濟飢民汲黯開倉
宋仁宗御覽托公書
宋上皇御賞鳳凰樓

豁然胸次埽塵埃，久矣聲名播省臺。先生志在乾坤外，

敢嫌天地窄，更詞章壓倒元白。憑心地，據手策，數當今無比英才。

鄭光祖

光祖字德輝，平陽襄陵人。以儒補杭州路吏。爲人方直，不妄與人交，故諸公多鄙之，久則見其情厚，而他人莫之及也。病卒，火葬於西湖之靈芝寺，諸弔送各有詩文。公之所作，不待備述，名香天下，聲振閨閣，伶倫輩稱鄭老先生，皆知其爲德輝也。惜乎所作貪於俳諧，未免多於斧鑿，此又别論焉。

紫雲娘

齊景公哭晏嬰

周亞夫細柳營

李太白醉寫秦樓月

醜齊后無鹽破連環

陳後主玉樹後庭花

三落水鬼泛采蓮船

王太后摔印哭孺子

放太甲伊尹扶湯

秦趙高指鹿爲馬

傷梅香翰林風月

醉思鄉王粲登樓

周公輔成王攝政

迷青瑣倩女離魂

虎牢關三戰吕布 末旦頭折。次本。

謝阿蠻梨園樂府

崔懷寶月夜聞箏

乾坤膏馥潤飢〔肌〕膚，錦繡文章滿肺腑。筆端寫出驚人句，番騰今共古，占詞場老將伏輸。翰林風月，梨園樂府，端的是曾下工夫。

金仁傑

仁傑字志甫，杭州人。余自幼時聞公之名，未得與之見也。公小試錢穀，給由江浙，遂一見如平生歡，交往二十年如一日。天曆元年戊辰冬，授建康崇寧務官。明年己巳正月叙别，三月，其二子護柩來杭，知公氣中而卒，嗚呼惜哉！所述雖不駢麗，而其大槩多有可取焉。

蔡琰還朝 次本。

秦太師東牕事犯

周公旦抱子設朝 喜春來按。

蕭何月夜追韓信

長孫皇后鼎鑊諫

玉津園智斬韓太師

蘇東坡夜宴西湖夢

心交元不問親疏，契飲那能較有無。誰知一上金陵路，歎亡之，命矣夫，夢西湖何不歸歟。魂來處，返故居，比梅花想更清癯。

范　康

康字子安，杭州人。明性理，善講解，能詞章，通音律。因王伯成有李太白貶夜郎，乃編杜子美遊曲江，一下筆即新奇，蓋天資卓異，人不可及故也。

曲江池杜甫遊春

陳季卿悟道竹葉舟

詩題鴈塔寫秋空，酒滿觥船棹晚風。詩籌酒令閒吟詠，占文場，第一功，埽千軍筆陣元戎。龍蛇夢，狐兔蹤，半生來彈指聲中。

曾　瑞

瑞字瑞卿，大興人。自北來南，喜江浙人才之多，羡錢塘景物之盛，因而家焉。神采卓異，衣冠整肅，優游於市井，灑然如神仙中人。志不屈物，故不願仕，自號褐夫，江淮之達者，歲時餽送不絶，遂得乃以徜徉卒歲。臨終之日，詣門弔者以千數。余嘗接見音容，獲承言話，勉勵之語，潤益良多。善丹青，能隱語小曲，有詩酒餘音行於世。

才子佳人誤元宵

江湖儒士慕高名，市井兒童誦瑞卿。衣冠濟楚人欽敬，更心無，寵辱驚，樂幽閒不解趨承。身如在，死若生，想音容猶見丹青。

沈　和

和字和甫，杭州人。能詞翰，善談謔，天性風流，兼明音律，以南北調合腔，自和甫始。如瀟湘八景、歡喜冤家等曲，極爲工巧。後居江州，近年方卒。江西稱爲蠻子關漢卿者是也。

祈甘雨貨郎朱蛇記

徐駙馬樂昌分鏡記

鄭玉娥燕山逢故人

鬧法場郭興何楊

歡喜冤家

五言嘗寫和陶詩，一曲能傳冠柳詞。半生書法欺顔字，占風流獨我師，是梨園南北分司。當時事，子細思，細思量不似當時。

鮑天祐

天祐字吉甫，杭州人。初業儒，長事吏，簿書之役，非其志也。跬步之間，惟務搜奇索枯而已，故其編撰，多使人感動咏歎。余與之談論節要，至今得其良法。才高命薄，今猶古也，竟止崑山州吏而止。

王妙妙死哭秦少游
史魚屍諫衛靈公
忠義士班超投筆
貪財漢爲富不仁
摘星樓比干剖腹
英雄士楊震辭金
漢丞相宋弘不諧
孝烈女曹娥泣江

平生詞翰在宫商，兩字推敲付錦囊。聳吟肩有似風魔狀，苦勞心，嘔斷腸，視榮華總是乾忙。談音律，論教坊，唯先生占斷排場。

陳以仁

以仁字存甫，杭州人。以家務雍容，不求聞達，日與南北士大夫交遊，僮僕輩以茶湯酒果爲厭，公未嘗有難色，然其名因是而愈重。能博古，善謳歌，其樂章間出一二，俱有駢麗之名。

錦堂風月

十八騎誤入長安

錢塘風物盡飄零，賴有斯人尚老成。爲朝元恐負虚皇命，鳳簫寒，鶴夢驚，駕天風直上蓬瀛。芝堂静，蕙帳清，照虚梁落月空明。

范居中

居中字子正，冰壺其號也。杭州人。父玉壺，前輩名儒。假卜術爲業，居杭之三元樓前，每歲元夕，必以時事題於燈紙之上，杭人聚觀，遠近皆知父子之名。公精神秀異，學問該博，嘗出大言矜〔於〕肆，以爲筆不停思，文不閣筆，諸公知其有才，不敢難也。善操琴，能書法。其妹亦有文名，大德年間，被旨赴都。公亦北行，以才高不見遇，卒於家。有樂府及南北腔行於世。

向歆傳業振家聲，羲獻臨池播令名。操焦桐只許知音聽，售千金價未輕，有誰知父子才能。冰如玉，玉如冰，暎壺天表裏澄清。

施　惠 一云姓沈。

惠字君美，杭州人。居吴山城隍廟前，以坐賈爲業。公巨目美髯，好談笑，余嘗與趙君卿、陳彦實、顔君常至其家，每承接款，多有高論。詩酒之暇，惟以填詞和曲爲事。有古今砌話，亦成一集，其好事也如此。

道心清淨絶無塵，和氣雍容自有春。吴山風月收拾盡，一篇篇，字字新，但思君賦盡停雲。三生夢，百歲身，到頭來衰草荒墳。

黄天澤

天澤字德潤，杭州人。和甫沈公同母弟也。風流醖藉，不減其兄。幼年屑就簿書，先在漕司，後居省府，鬱鬱不得志。崑山聽補州吏，又不獲用，咄咄書空而已。然亦竟不歸而終。公有樂府播於世人耳目，無賢愚皆稱賞焉

一心似水道爲鄰，四體如春德潤身。風流才調真英俊，軼前車，繼後塵，謾蒼天委任斯文。岐山鳳，魯甸麟，時有亨屯。

沈　拱

拱字拱之，杭州人。天資穎悟，文質彬彬，然惟不能俯仰，故不願仕。所編樂府最多。以老無後，病無所歸，存甫舘於家，不旬日而亡。存甫殯送之，重友誼也。

撚髯得句細推敲，舉筆爲文善解嘲。天生才藝藏懷抱，奈玉石相混淆，更多逢世事咬嘀。蜂爲市，燕有巢，弔斜陽緩走西郊。

趙良弼

良弼字君卿，東平人。總角時與余同里閈，同發蒙，同師鄧善之、曹克明、劉聲之三先生，又於省府同筆硯。公經史問難、詩文酬唱，及樂章小曲、隱語傳奇，無不究竟。所編梨花雨，其辭甚麗。後補嘉興路吏，遷調杭州。天曆元年冬，卒於家。公之風流醖藉，開懷待客，人所不及，然亦以此見廢。能裁字，善丹青，但

以末技，故不備録。

春夜梨花雨

閑中袖手刻新詞，醉後揮毫寫舊詩。兩般總是龍蛇字，不風流，難會此，更文才宿世天資。感夜雨梨花夢，歎秋風雨鬢絲，住人間能有多時。

陳無妄

無妄字彦實，東平人。與余及君卿同舍。性資沈重，事不苟簡，以苛刻爲務，訐直爲忠，與人寡合，人亦難之。公於樂府隱語，無不用心。補衢州路吏，後遷婺州，陞浙東憲吏，調福建道。天曆二年三月以憂卒。其弟彦正殯葬之。樂府甚多，惜乎其不甚傳也。

府垣幾月露忠肝，憲幕冰霜豈汗顔。薏苡生讒間，甘心願就閒，轉回頭夢入槐安。後會何時再，英靈甚日還，望東南翹首三山。

廖　毅

毅字弘道，建康人。泰定三年丙寅春，因余友周仲彬與之會，即叙平生懽。時出一二舊作，皆不凡俗。如越調“一點靈光”借燈爲喻；仙吕賺煞曰：“因王魁淺情，將桂英薄倖，致令得潑煙花不重俺俏書生。”發越新鮮，皆非蹈襲。天曆二年春抱疾，喪於友人江漢卿家。漢卿與黄焕章買棺具殮，召其親來，火葬城外寺中。公能書，善行文，不草率。題伍王廟壁有折桂令一曲，及有絶句：“浩浩凌雲志，巍巍報國心。忠魂與潮汐，萬古不消沉。”其感慨激烈，徒憎悵怏。噫！天之生物也，裁成輔相，以左右民，奈何如是之偏戾也。人猶有所憾者，良以此夫。

人間未得注金甌，天上先教記玉樓。恨蒼穹不與斯人壽，未成名，一土丘，歎平生壯志難酬。朝還暮，春又秋，爲思君淚滿鷫裘。

喬吉甫

吉甫字夢符，太原人。號笙鶴翁，又號惺惺道人。美容儀，能詞章，以威嚴自飾，人敬畏之。居杭州太乙宫前，有題西湖梧葉兒百篇，名公爲之序。江湖間四十年，欲刊所作，竟無成事者。至正五年二月，病卒於家。

怨風月嬌雲認玉釵
杜牧之詩酒揚州夢
玉簫女兩世姻緣
死生交托妻寄子
馬光祖勘風塵
荆公遣妾
唐明皇御斷金錢記
節婦牌
賢孝婦
九龍廟
燕樂毅黄金臺

平生湖海少知音，幾曲宫商大用心。百年光景還爭甚，空贏得雪鬢侵，跨仙禽路遶雲深。欲挂墳前劍，重聽膝上琴，漫攜琴載酒相尋。

睢景臣

景臣後字景賢。大德七年,公自維揚來杭州,余與之識。自幼讀書,以水沃面,雙眸紅赤,不能遠視。心性聰明,酷嗜音律,維揚諸公俱作高祖還鄉數套,惟公哨遍製作新奇,皆出其下。又有南吕一枝花題情云:“人間燕子樓,被冷鴛鴦錦。酒空鸚鵡盞,釵折鳳凰金。”亦爲工巧,人所不及也。

千里投人

鶯鶯牡丹記

楚大夫屈原投江

吟髭撚斷爲詩魔,醉眼慵開爲酒酡。半生才便作三閭些,歎番成,薤露歌,等閒間蒼鬢成皤。功名事,歲月過,又待如何。

吴本世

本世字中立,爲杭州。天資明敏,好爲詞章隱語樂府,有本道齋樂府小藁及詩謎數千篇。以貧病不得志而卒,嗚呼惜哉!

語言辯利掃千兵,心性聰明誤半生。來蕪窮又染維摩病,想天公,忒世情,使英雄遺恨難平。寒泉淨,碧藻馨,敢薦幽冥。

周文質

文質字仲彬,其先建德人,後居杭州,因而家。體貌清癯,學問該博,資性工巧,文筆新奇。家世儒業,俯就路吏。善丹青,能歌舞,明曲調,諧音律,性尚豪俠,好事敬客。余與之交二十年,未嘗跬步離也。元統二年六月，余自吴江回，公已抱病，盛暑中，止以爲癰瘤之毒而不經意也。醫足踵門，病及五月而無瞑眩之藥，十一月初五日卒於正寢，嗚呼痛哉！始余編此集，公及見之，題其姓名於未死鬼之列。嘗與論及亡友，未嘗不握手痛惋。而公亦中年而歿，則余輩衰老萎憊者，又可以久於人世也歟？噫！往者不可追，來者不可期，已而已而，此余深有感於公也。

孫武子教女兵
春風杜韋娘
持漢節蘇武還鄉
敬新磨戲諫唐莊宗

丹墀未叩玉樓宣，黄土應埋白骨冤。羊腸曲折雲千變，料人生，亦惘然，歎孤墳落日寒煙。竹下泉聲細，梅邊月影圓，因思君歌舞十全。

已死才人不相知者

胡正臣

正臣杭州〔人〕，與志甫、存甫及諸公交遊。董解元西廂記自“吾皇德化”至於終篇，悉能歌之。至於古之樂府慢詞、李霜涯賺令，無不周知。辭世已三十年矣，士大夫想其風流醞藉，尚在目前。其子存善，能繼其志，小山樂府、仁卿金縷新聲、瑞卿詩酒餘音，至於羣玉、叢珠，裒集諸公所作，編次有倫；及將古本□□，直取潭州易氏印行元文，□讀無訛，盡於書坊刊行，亦士林之翹楚也。余嘗言之：人孰無死，死而有子。人孰無子，如胡公之嗣，若敖氏之鬼，不餒矣。

李顯卿

顯卿東平人，以父爲浙省掾，因居杭焉。自幼粗涉書史，酷嗜隱語，遂通詞章，作賺煞成□□篇，總而計之四百，樂章稱是。至正辛已，以廕父職錢穀官，由台州經慶元會余，别後遂無聞，久之不禄矣。

王思順

思順有題包巾及鏡兒縷帶等套數。

蘇彦文

彦文有"地冷天寒"越調及諸樂府。

屈彦英

彦英字英甫，編一百二十行及看錢奴院本等。

李齊賢

齊賢與余同窗友，後不相聞。亦有樂府。

李用之

用之淞江人，有戲謔樂府極多。

劉宣子

宣子字叔昭，與余同窗，後不相會，故不知其詳。所編樂府甚多。補淮東憲司書吏卒。

顧廷玉

廷玉淞江人，有樂府。

俞仁夫

仁夫杭州人，有樂府。

張以仁

以仁湖州人，有樂府。

右所録若以讀書萬卷，作三場文，占奪巍料〔科〕，首登甲第者，世不乏人；其或甘心巖壑、樂道守志者，亦多有之。但於學問之餘，事務之暇，心機靈變，世法通疏，移宫换羽，搜奇索怪，而以文章爲戲玩者，誠絶無而僅有者也。此哀誄之所以不得不作也。觀者幸無誚焉。

方今才人相知者紀其姓名行實并所編

黄公望

公望字子久，乃陸神童之次弟也。係姑蘇琴川子游巷居。髫齔時螟蛉温州黄氏爲嗣，因而姓焉。其父年九旬，時方立嗣，見子久，乃云："黄公望子久矣。"先充浙西憲令，以事論經理田糧，獲直。後在京爲權豪所中，改號一峰。原居淞江，以卜術閒居。目今棄人間事，易姓名爲苦行净堅，又號大癡翁。公望之學問不待文飾，至於天下之事無所不知，下至薄技小藝，無所不能，長詞短曲，落筆即成，人皆師尊之。尤能作畫。

吴仁卿

仁卿字弘道,號克齋先生。歷仕府判致仕。有金縷新聲行於世。亦有所編傳奇。

子房貨劒

火燒正陽門

醉遊阿房宫

楚大夫屈原投江

秦簡夫

見在都下擅名,近歲來杭回。

東堂老勸破家子弟

天壽太子邢臺記

玉溪館

義士死趙禮讓肥

陶賢母剪髮待賓

趙善慶

善慶字文賢,饒州樂平人。善卜術,任陰陽學正。又别作趙文寶,名孟慶。

孫武子教女兵

唐太宗驪山七德舞

醉寫滿庭芳

村學堂

燒樊城糜竺收資

張可久

可久字小山,慶元人。以路吏轉首領官。有樂府盛行於世。又有吴鹽、蘇堤漁唱等曲,編於隱語中。

錢　霖

霖字子雲,淞江人。棄俗爲黄冠,更名抱素,號素庵。類諸公所作,名曰江湖清思集。其自作樂府有醉邊餘興,詞語極工巧。

徐再思

再思字德可,嘉興人。好食甘飴,故號甜齋。有樂府行於世。其子善長,頗能繼其家聲。

顧德潤

德潤字君澤,道號九山,淞江人。以杭州路吏遷平江。自刊九山樂府、詩隱二集,售於市肆。

曹明善

明善,衢州路吏,甘於自適,今在都下。有樂府,華麗自然,不在小山之下。即賦長門柳二詞者。

汪勉之

勉之慶元人。由學官歷浙東帥府令史。鮑吉甫所編曹娥泣江,公作二折。樂府亦多。

屈子敬

子敬,英甫之姪,與余同窗。有樂府。所編有田單復齊等套數。以學官除路教而卒。樂章華麗,不亞於小山。

田單復齊

孟宗哭竹

敬德撲馬

昇仙橋相如題柱

宋上皇三恨李師師

高克禮

克禮字敬德,號秋泉。見任縣尹。小曲樂府,極爲工巧,人所不及。

王 庸

庸字守中。歷蘆花場司令。其制作清雅不俗,難以形容其妙趣,知音者服其才焉。

蕭德祥

德祥杭州人。以醫爲業,號復齋。凡古文俱檃括爲南曲,街市盛行。又有南曲戲文等。

四春園

小孫屠

王脩斷殺狗勸夫

四大王歌舞麗春園

包待制三勘蝴蝶夢

陸登善

登善字仲良。祖父維揚人，江淮改浙江，其父以典掾來杭，因而家焉。爲人沉重簡默，能詞能謳，有樂府隱語。

開倉糶米

張鼎勘頭巾

朱　凱

凱字士凱。自幼孑立不俗，與人寡合。小曲極多，所編昇平樂府及隱語，包羅天地，謎韻皆余作序。

孟良盜骨殖

黄鶴樓

王　曄

曄字日華，杭州人。體豐肥而善滑稽，能詞章樂府，臨風對月之際，所製工巧。有與朱士凱題雙漸小卿問答，人多稱賞。

卧龍岡

雙賣華

破陰陽八卦桃花女

王仲元

仲元杭州人，與余交有年矣。所編于公高門等。

東海郡于公高門

袁盎却坐

私下三關

吴　朴

朴字純卿，平江人。余至姑蘇，與公相識。所作工巧。平江之自是者好貶人，故不多出，恐受小人之謗也。

孫子羽

子羽，儀真人。

杜秋娘月夜紫鸞簫

張鳴善

鳴善揚州人。宣慰司令史。

包待制判斷煙花鬼

黨金蓮夜月瑶琴怨

右當今名公，才調製作，不相上下，蓋繼乎前輩者，半爲地下修文郎矣。其聲名藉藉乎當今者，後學之士，可不斂衽而敬慕焉？歲不我與，急爲勉旃。雖然，其或詞藻雖工而不欲出示，或妄意穿鑿而亟欲傳梓，政猶匿税之物，不經批驗者，其何以行之哉？故有名而不録。

方今才人聞名而不相知者

高可通

有小曲行於世者極多。

董君瑞

真定冀州人。隱語樂府多傳於江南。

李邦傑

有隱語樂府,人多傳之。

高安道

有御史歸莊南吕小曲。

已上有聞者止如此。蓋有一鄉之士,一國之士,天下之士,名譽昭然者,自鄉及國,可及天下矣。故無聞者不及録。

録鬼簿卷下畢

後序

文以紀傳，曲以弔古，使往者復生，來者力學，鬼簿之作，非無用之事也。大梁鍾君名嗣成，字繼先，號醜齋，善之鄧祭酒、克明曹尚書之高弟。累試於有司，命不克遇。從吏則有司不能辟，亦不屑就。故其胸中耿耿者，借此爲喻，實爲己而發也。樂府小曲，大篇長什，傳之於人，每不遺藁，故未能就編焉。如馮諼收券、詐遊雲夢、錢神論、斬陳餘、章臺柳、鄭莊公、蟠桃會等，皆在他處按行，故近者不知，人皆易之。君之德業輝光，文行浥潤，後輩之士奚能及焉。噫！後之視今，亦猶今之視昔也。日居月諸，可不勉旃。

至順元年九月吉日，朱士凱序。

余僻居慈谿小縣，每歎孤陋，側聆繼先鍾先生大名久矣，莫遂識荆。丁丑孟秋，一日邂逅於東皋精舍。忽忽東之鄮城，至中秋復回谿上，示予以親編録鬼簿，皆本朝顯宦名公，詞章行於世者。恐後湮没姓名，故編排類集，記其出處才能於其前，度以音律樂章於其後，千萬載之下，知其爲何人，直欲俾其爲不死之鬼也。先生之用心誠可嘉。尚於其行，遂歌湘妃曲以贈：

高山流水少人知，幾擬黄金鑄子期。繼先既解其中意，恨相逢何太遲。示佳篇古怪新奇，想達士無他事，録名公半是鬼，嘆人生不死何歸。

慈谿邵元長德善頓首。

想開元朝士無多，觸目江山，日月如梭。上苑繁華，西湖富貴，總付高歌。麒麟冢衣冠坎坷，鳳凰臺人物蹉跎。生待如何？死待如何？紙上清名，萬古難磨。

右折桂令　　周誥題。

何人千古風騷，如意珊瑚，弱水鯨鰲。紙上功名，曲中恩怨，話裏漁樵。歎霧閣雲牕夢杳，想風魂月魄誰招。裹驪珠淚冷鮫綃，續鵾絃指凍鸞膠。傳芳名玉兔揮毫，譜遺音彩鳳銜簫。

至正庚子七月八日，西清道士朱經仲義題。

余自幼性好鈔録，書字雖不端楷，然見一奇書異典，務必求假而録之，雖大寒暑中，亦不憚勞。此本昔見於核庵王老先生處，即就假録焉。藏之書篋，以見前輩之風流雅趣耳。近一友人借去，至於取索，則再四不肯相復。余謂斯行實非君子之所爲，其得罪於聖賢，玷累於德行多矣。第不欲顯其姓字耳。今偶得鄉人太常陳生藏本，又重録之。假書君子，當以顔氏家訓爲戒，毋學斯人之行也歟！

洪武戊寅歲端陽越三日，吴門生識。

余雅欲觀元人傳奇詞曲，偶得是帙，中多載其名目，不計妍醜，聊爲録之。間有不成語處，幾欲輟筆，爲所録且半，遂卒業焉。牛溲馬涬，醫者不棄，亦竊附此義云。

萬曆甲申陽月甲子，夢覺子漫識。

（民國二十五年十二月五日，假東方文化事業委員會圖書館藏鈔本録鬼簿校一過。鈔本首頁有“海寧陳鱣觀”印一，蓋陳仲魚所藏本。其中有用朱筆補字以○識之，然所補均已見刊本。至文字之異者，鈔本可以正刊本之誤者不少。疑即王國維先生所謂明季精鈔本者是也。楷第記。

趙斐雲來，云此鈔本乃戴光曾手鈔本。戴字松門，乾嘉時人。藉嘉興所鈔書甚多。“陳鱣觀”一印係僞作，静安先生目爲明季鈔本，誤也。

民國二十七年冬，託人向東方圖书館借得尤貞起鈔本，擬取以校曹本，因循數月，久未着手，今以一日校完，其本勝於戴校本。廿八年五月九日記。

明鈔説集與尤鈔本同時借來，久之未勘。今以一日半之力校一過。此本不分上下卷，曹本下卷諸人，此所録僅二十四人，遺漏太多，恐係節本也。二十八年五月十二日校訖記。

曹本下卷説集本録二十四人，其次序如左：

宫大用　鄭德輝　金志甫　范子安　曾瑞卿　沈和甫　鮑吉甫　陳存甫　范冰壺　沈君美　趙君卿　睢景臣　周仲彬　黄德潤　王思順　屈英甫　曹子久　吴仁卿　奏〔秦〕简夫　張小山　喬夢符　趙文宝　孫子羽　張鳴善）

楝亭藏本

録鬼簿

揚州詩局重刊

余于丁亥孟冬候友某檢書案得錄鬼簿一册計卅餘頁詢所從来知某之先生曉錄也因竊假抄之錄時有友某者覷之從口笑叩之則曰錄無益之書雜錄無益書更難了何無益書守故笑之余曰書之有益無益存乎人之好与不好耳好則無益亦有益不好有益亦無益也茲傳繼無益乎余心竊好之故錄焉有益無益姑勿論友亦唯唯錄畢聊誌問答 冉里棘人尤貞起書於鮮迎齋

尤貞起印　雪民

古書流通處借南陵徐氏藏本影印

尤鈔本鍾序前有尤貞起抄書序錄于此 廿八年五月九日校記記 業退里人

賢愚壽夭死生禍福之理固兼乎氣數而言聖賢未嘗不論也蓋陰陽之詘伸即人鬼之生死人而知夫生死之道順受其正又豈有巖牆桎梏之厄哉雖然人之生斯世也但以已死者爲鬼而不知未死者亦鬼也酒甖飯囊或醉或夢塊然泥土者則其人與已死之鬼何異此固未暇論也其或稍知義理口發善言而於學問之道甘於暴棄臨終之後漠然無聞則又不若塊然之鬼爲愈也予嘗見未死之鬼弔已死之鬼未之思也特一間耳獨不知天地開闢亘古及今自有不死之鬼在何則聖賢之君臣忠孝之士小善大功著在方冊者日月炳煥山川流峙及乎千萬劫無窮已是則雖鬼而不

鬼者也余因暇日緬懷故人門第卑微職位不振高才博識俱有可錄歲月彌久湮没無聞遂傳其本末弔以樂章復以前乎此者叙其姓名述其所作冀乎初學之士刻意詞章使冰寒於水青勝於藍則亦幸矣名之曰錄鬼簿嗟乎余亦鬼也使已死未死之鬼作不死之鬼得以傳遠余又何幸焉若夫高尚之士性理之學以爲得罪於聖門者吾黨且噉蛤蜊别與知味者道

至順元年龍集庚午月建甲申二十二日辛未古汴鍾嗣成序

黃色係說集本○以說集校曹別本凡與曹本同者不校加標識黃者文上加圈其他本異同亦間標識但大致以曹本為主

新編錄鬼簿卷上

汴鍾嗣成錄編

不署名

前輩已死名公有樂府行於世者

董解元（大金章宗時人以其創始故列諸首）

太保劉公秉忠

董解元學士

商政叔學士

王和叔散人

杜善夫散人

閻仲章學士

張子益平章

王和卿學士

盍志學學士

楊西菴參政

胡紫山宣慰

盧疎齋學士

姚牧菴參政

徐子方憲使

不忽木平章

史中丞

張九元帥

荊漢臣參政

陳草菴中丞

張夢符憲使

陳國賓憲使
劉中菴承旨
馬彥良都事
趙子昂承旨
閻彥舉學士
白無咎學士
滕玉霄應奉
鄧玉賓同知
馮海粟待制
貫酸齋學士
曹光輔學士

張洪範宣慰
方今名公
郝新菴左丞
曹以齋尚書
劉時中待制
薩天錫照磨
李溉之學士
曹子貞學士
馬昂夫總管
班恕齋知州
馮雪芳府判

王繼學中丞

右前輩公卿居要路者皆高才重名亦於樂府留心蓋文章政事一代典型乃平昔之所學而歌曲詞章由於和順積中英華自然發外自有樂章以來得其名者止於此蓋風流蘊藉自天性中來若夫村樸鄙陋固不必論也

前輩已死名公才人有所編傳奇行於世者

關漢卿 大都人太醫院尹號已齋叟

關張雙赴西蜀夢

董解元醉走柳絲亭

丙吉教子立宣帝

薄太后走馬救周勃
太常公主認先皇
曹太后死哭劉夫人
荒墳梅竹鬼團圓
閨怨佳人拜月庭
風月狀元三負心
沒興風雪𤸫馬記
金銀交鈔三告狀
蘇氏進織錦回紋
介休縣敬德降唐
昇仙橋相如題柱

四十八 甲馬營降生趙太祖

十六 賢孝婦風雪雙駕車

十四 雙提屍寃報汴河寃

老女壻金馬玉堂春

四十一 宋上皇御斷姻緣簿

四十九 崔玉簫擔水澆花旦

四十五 晉國公裴度還帶

二十 隋煬帝牽龍舟

卅六 風雪狄梁公

十八 屈勘宣華妃

廿九 月落江梅怨

十七 煙月舊風塵

四十四 管寧割席

白衣相高鳳漂麥

四十三 孫康映雪

四 唐明皇哭香囊

八 唐太宗哭魏徵

卅三 鄧夫人哭存孝

十二 關大王單刀會

廿五 温太真玉鏡臺

卅八 武則天肉醉王皇后

翠華妃對玉釵

高文秀（東平人府學早卒）

三十二本　目三十本　都下人呼小漢卿

黑旋風詩酒麗春園

黑旋風大鬧牡丹園

黑旋風敷演劉耍和

老郎君養子不及父

黑旋風鬬雞會

黑旋風窮風月

黑旋風喬教學

黑旋風雙獻頭

黑旋風借屍還魂

禹王廟霸王舉鼎

卷一

十三、忠義士班超投筆

十、五鳳樓潘安擲果

十五、妬酒趙元遇上皇

九、木叉行者鎖水母

廿七、豹子尚書謊秀才

九、豹子秀才不當差

七、豹子令史干請俸

一、病樊噲打呂青胥

一、劉先主襄陽會

二、窮秀才雙棄瓢

五、煙月門神訴寃

須賈誶范雎

周瑜謁魯肅

風月害夫人

伍子胥棄子走樊城

太液池兒女鬭頭蓮

鄭元和風雪打瓦罐

醉秀才戒酒論杜康

相府門廉頗負荊

御史臺趙堯辭金

志公和尚開啞禪

宣帝問張敞畫眉

十四 十二 十三 廿一 七 十八 一 十七 五 十九

鄭廷玉 彰德人 四十九 二十三本 同 二十一本

·楚昭王疎者下船 並因福折福

·齊景公駟馬奔陣 及蕭丞相復勘贓

·采石渡漁父辭劍

·冷臉劉裁料到底 劍

·布袋和尚認字記 忍

·孟縣宰因禍致福

·風月郎君雙教化

·冤報冤貧兒作富

·宋上皇御斷金鳳釵

·包待制智勘後庭花 贓

吹簫女悔教鳳凰兒
尉遲公鞭打李道煥
子父夢秋夜欒城驛
賣兒女没興玉公綽
一百二十行販揚州
看錢奴寃家債主
奴殺主因福折福
曹伯明復勘贓
漢高祖哭韓信
蕭丞相復勘贓
孟姜女送寒衣

風月七眞堂

孫恪遇猨

白仁甫 文舉之子名樸眞定人號蘭谷先生贈嘉議大夫掌禮儀院太卿

秋江風月鳳皇船

鴛鴦簡牆頭馬上

蕭翼智賺蘭亭記

唐明皇秋夜梧桐雨

韓翠蘋御水流紅葉

董秀英花月東牆記

祝英臺死嫁梁山伯

楚莊王夜宴絕纓會

中書至員外郎八字朱筆補

△

七、蘇小小月夜錢塘夢

五、薛瓊月夜銀箏怨

三、唐明皇游月宮 作幸不作游

六、漢高祖斬白蛇

十五、閻師道趕江

十一、泗上亭長 高祖歸庄

十、崔護謁漿 末本 尚仲賢有崔護謁漿 此云末本則彼是旦本矣

庾吉甫 三 名天錫大都人中書省掾除員外郎中山府判 汪尤鈔本與曹本同 十五本同

十四、隋煬帝江月錦帆舟

十一、孟嘗君雞鳴度關

十、會稽山買臣負薪

三 薛昭誤入蘭昌宮

八 封隲先生罵上元

十二 英烈士周處三害

六 楊太眞霓裳怨

五 楊太眞華清宮

一 常何薦馬周

十五 裴航遇雲英

四 列女青綾臺

十三 玉女琵琶怨

二 秋夜淒涼夢

七 秋月粲珠宮

蘇小春麗春園

馬致遠 大都人號東籬老 江浙行省務官

劉阮誤入桃源洞

江州司馬青衫淚

風雪騎驢孟浩然

太華山陳摶高臥

凍吟詩踏雪尋梅

大人先生酒德頌

呂太后人彘戚夫人

呂洞賓三醉岳陽樓

王祖師三度馬丹陽

七字朱筆補
尤本七字不缺

六　四　二　一　十　十二　十二　十二　〇　六

孟朝雲風雪歲寒亭

呂蒙正風雪飯後鐘

孤雁漢宮秋

李文蔚　眞定人，江州路瑞昌縣尹　十二本同

漢武帝死哭李夫人

蔡逍遥醉寫石州慢　道閑

盧亭亭擔水澆花旦　有旦字

張子房圯橋進履

報寃臺燕青撲魚

濯錦江魚雁傳情

謝安東山高臥　趙公輔次本鹽咸韻　朱筆補　尤本不缺　趙公輔有晉謝安東山高臥

19

九八七五三五一四七九

謝玄破符堅

金水題紅怨　六折

秋夜芭蕉雨

風雪推車記

燕青射雁

李直夫　女直人德興府住，即蒲察李五

朱筆補　尤本不缺

李五作李五　十一本同

念奴教樂府

武元皇帝虎頭牌

潁考叔孝諫莊公　鄭

鄧伯道棄子留姪

風月郎君怕媳婦

尾生期女渰藍橋

宦門子弟錯立身

歹鬬娘子勸丈夫

俏郎君占斷風光好

謊郎君敗壞盡風光好

晏叔原風月夕陽樓

吳昌齡 西京人

唐三藏西天取經

張天師夜祭辰鉤月

浣花女抱石投江

那吒太子眼睛記

一　七四　八十　一

浪子回回賞黃花　二摟胡洞

鬼子母揭鉢記

月夜走昭君

狄青撲馬

貨郎末泥

王實甫　大都人　木　十四本同

○東海郡于公高門

孝父母明達賣子　明運××

曹子建七步成章

才子佳人拜月庭　六多月亭

韓彩雲絲竹芙蓉亭

崔鶯鶯待月西廂記

蘇小郎月夜販茶船 盐甜韻 紀君祥已刻

四大王歌舞麗春臺堂

呂蒙正風雪破窯記旦本 另改題呂蒙正風雪飯後鐘 國學作呂蒙正風雪破窯記

趙光普進梅諫

詩酒麗春園

陸績懷橘

雙渠怨

嬌紅記

武漢臣濟南府人 十本同

抱姪攜男晉義姑

八三十六四七一五九

鄭廷玉之曹伯明復勘贓

洛陽令董宣強項

感天地王祥臥冰

七星壇諸葛祭風

漢張良辭朝歸山

齊賢母三教王孫賈

諸葛亮秋風五丈原

趙太祖夜斬石守信

救孝子賢母不認屍

孟月梅寫恨錦香亭

李壽卿 太原人將仕郎徐縣丞

說專諸伍員吹簫

三十一五四二六九八　九

月明三度臨岐柳

船子和尚秋蓮夢

呂太后定計斬韓信

呂太后夜鎮鑑湖亭祭　按祭字疑衍

司馬昭復奪受禪臺

鼓盆歌莊子歎骷髏

呂太后祭滻水

呂無雙遠波亭

辜負呂無雙（與遠波亭關目同）尤本注同曹本　舞双

尚仲賢真定人（江浙行省務官）尤本注同曹本　十本同　九本

張生煮海　天一閣本注云次本　李好古有張生煮海

○崔護謁漿「十六曲次本」尤本注同曹本

白仁甫有崔護謁漿〔天一閣本注云〕の不知佳人訴恨十六曲崔護謁漿〔此云十六曲次本謂仁甫曲是祖本也〕

尉遲恭(公)三奪搠

陶淵明歸去來辭兮

鳳皇坡(陂)越娘背燈

洞庭湖柳毅傳書

没興花前秉燭旦

武成廟諸葛論功

海神廟王魁負桂英

漢高祖濯足氣英布

石君寶(四十七)平陽人　十本同　九本

士如秋香怨

呂太后醢彭越

柳眉兒金錢花

窮解子紅綃驛

魯大夫秋胡戲妻

東吳小喬哭周瑜

李亞仙詩酒曲江池

趙二世醉走雪香亭

張天師斷歲寒三友

諸宮調風月紫雲亭

楊顯之 大都人與漢卿莫逆交凡有珠玉與公較之

劉泉進瓜

按天一閣本 花李郎 有酷寒亭

黑旋風喬斷案

醜駙馬射金錢

臨江驛瀟湘夜雨

蕭縣君風雪酷寒亭 本旦末

按正音譜注云旦末二本此說集此注者據二字

蒲魯忽劉屠大拜門

大報冤兩世辨劉屠 四小刻屠

借通縣跳神師婆旦

紀天祥 大都人與李壽卿鄭廷玉同時 尤本注同曹本 六本同

驢皮記

曹伯明錯勘贓 武漢臣有錯勘贓 鄭廷玉亦復勘贓

李元真松陰記

二本

六　一　五　　二　一　四　五　三　八

趙氏孤兒冤報冤

韓湘子三度韓退之

信安王斷復販茶船　第四庚清　天一閣本十九上注云二本王實甫有刺曹本

于伯淵平陽人　六本同　十二下天一閣本七下

白門斬呂布

呂太后餓劉友

丁香回回鬼風月

莽和尚復奪珍珠旗

尉遲公病立小秦王

狄梁公智斬武三思

戴善甫真定人江浙行省務官　五本同　元本注同曹本

彔鬼簿卷上

伯俞泣杖
宮調風月紫雲亭
關大王三捉紅衣怪
陶秀實醉寫風光好
柳耆卿詩酒翫江樓
王廷秀 山東益都人 淘金千户 尤本注同曹本
鹽客三告狀
秦始皇坑儒焚典
周亞夫屯細柳營 次尊本
石頭和尚草菴歌
張時起 字才英東平府學生長蘆居 尤本注同曹本 才美

昭君出塞

賽花月秋千記 注太新 按当是六折之誤 六 折 尤本注 同曹本

霸王垓下别虞姬

沈香太子劈華山

費唐臣 大都人，君祥之子。尤本注 同曹本

斬鄧通

漢丞相韋賢籯金

蘇子瞻風雪貶黄州

趙子祥 元貞時人

崔和擔生

○風月害夫人 尤本注 同曹本 七上高文秀有風月害夫人 天一閣本注云：很鴉鬼厭吧春粧旦色害夫人

次本夫一 閣本作旦 本、二本、七本、八本 總是旦末 六本

二年

英　一　拉　一　廉　一

○太祖夜斬石守信 次本（尤本注同豐本）

姚守中 洛陽人牧菴學士姪平江路吏 尤曹同

漢太守郝連留錢

神武門逢萌挂冠

褚遂良扯詔立東宮 中宗

李好古 保定人或云西平人

○張生煮海 天一閣本十五下注云二本

巨靈劈華嶽

趙太祖鎮凶宅

趙文殷 彰德人教坊色長 尤曹同

渡孟津武王伐紂

十三下王仲文有趙太祖夜斬石守信 仲文大都人 賈弔詞云任室

華

尚仲賢有張生煮海

○官門子弟錯立身（次 尤注有此二字 天一閣本注次本同）李直夫有官門子弟錯立身

張果老度脫啞觀音

張國賓（大都人即喜時營教坊勾管）尤曹同

漢高祖衣錦還鄉

薛仁貴衣錦還鄉

相國寺公孫汗衫記　二 釘一釘　三 相府院（二本曹本以爲李郎作）

紅字李二（京兆人教坊劉耍和婿）尤曹同

病楊雄

板踏兒黑旋風

折擔兒武松打虎

李郎（劉耍和婿或云張國賓作）尤曹同

鈔本趙天錫下誤書
蔡順湯城火燒紀信
陵母伏劍
右顧仲清曲

二本 追之

懡㦬判官釘一釘

莽張飛大鬧相府院

趙天錫 汴梁人鎮江府判 尤曹同

試湯餅何郎傅粉

賈愛卿金錢剪燭

二曲鈔本誤係于陳寧甫風月兩無功之後

梁進之 大都人警巡院判除縣尹又除大興府判次除知和州與漢卿世交 尤曹同

趙光普進梅諫 天一閣本注 二本 王實甫有趙光普進梅諫

東海郡于公高門 旦 尤本注本有此二字 天一閣本注旦本 王實甫有東海郡于公高門 王仲元亦有

王伯成 涿州人有天寶遺事諸宮調行於世 尤曹同

張鸞泛浮槎 乘槎

李太白貶夜郎

孫仲章 大都人（或云李仲章，姓李。尤本曹同）

卓文君白頭吟

金章宗斷遺留文書

趙明道 大都人

陶朱公范蠡歸湖

韓湘子三赴牡丹亭

趙公輔 平陽人，儒學提舉（尤曹同）

晉謝安東山高臥 汴本（尤本注有此二字）

（上文十六下李文蔚有謝安東山高卧，注云趙公輔次本。）

棲鳳堂倩女離魂

（此汴本二字乃次本之誤）

李子中 大都人，知事，除縣尹（尤曹同）

崔子弒齊君

賈充宅韓壽偷香

李進取（大名人官醫大夫士）　三十三　龙曹同

竊解子破傘雨

神龍殿鑾巴噀酒

○司馬昭復奪受禪臺　天一閣本十二上　此劇在次本　此本十四　上李壽卿　又　司馬昭復奪受禪臺

岳伯川（濟南人或云鎮江人）　三十五　龙曹同

羅光遠夢斷楊貴妃

呂洞賓度鐵拐李岳

康進之（棣州人　一云陳進之）　三十六　姓陳　龙曹同

黑旋風老收心

梁山泊黑旋風負荊

顧仲清 東平人清泉場司令

陵母伏劒

滎陽城火燒紀信

石子章 大都人

秦脩然竹塢聽琴

黃貴娘秋夜竹窗雨

侯正卿 真定人號艮齋先生

關盼盼春風燕子樓

史九散人 真定人武昌萬戶

花間四友莊周夢

孟漢卿 亳州人

張鼎智勘魔合羅

李寬甫 大都人刑部令史除廬州合淝縣尹

漢丞相丙吉問牛喘

李行甫 絳州人

包待制智賺灰欄記

費君祥 大都人唐臣父與漢卿交有愛女論行於世

才子佳人菊花會

江澤民 眞定人

糊突包待制

陳寧甫 大名人

風月兩無功

二本

陸顯之汴梁人（有好兒趙正話本） 尤注十字話字不缺

宋上皇碎冬凌

狄君厚平陽人

晉文公火燒介子推

孔文卿平陽人

秦太師東窗事犯紀（一云楊駒兒作） 廿六字注 楊駒兒做者 天一閣本 十六上注云二本楊駒兒做

張壽卿東平人浙江省掾吏 尤曹同

謝金蓮詩酒紅梨花

劉唐卿太原人（皮貨所提舉在王彥博左丞席上曾詠博山銅細裊香風者） 尤本戴本補注同 博誤傳

蔡順摘椹養母

李三娘麻地捧印 傍印

彭伯威保定人

四不知月夜京娘怨又云郭安道作 尤注大字同曹本

李時中大都人中書省掾除工部主事 尤曹同

開壇闡教黃粱夢第一折馬致遠 第二折李時中 第三折花李郎學士 第四折紅字李二 尤注四折四人同曹本

右前輩編撰傳奇名公僅止於此才難之云不其然乎余僻處一隅聞見淺陋散在天下何地無才蓋聞則必達見則必知姑叙其姓名於右其所編撰余友陸君仲良得之於克齋先生吴公然亦未盡其詳余生也晚不得預几席之末不知出處故不敢作傳以弔云

灰襴記 按此是李行甫作恐誤

花李郎

聞見

新編錄鬼簿卷上

楝亭藏本丙戌九月
重刊于揚州使院

明抄說集本前輩已死名公共五十三人次序與曹序大不同今依其次別錄諸人名于左　無趙公輔李行甫花李郎

關漢卿　白仁甫　庾吉甫　高文秀　馬致遠　王實甫

李文蔚　侯正卿　史九散仙　孟漢卿　尚仲賢　戴善甫

張時起　李寬甫　李時中　彭伯威　費君祥　紀君祥

趙天錫　梁進之　江澤民　楊顯之　陳寧甫　李壽卿

王伯成　孫仲章　趙明遠　劉唐卿　李子中　武漢臣

王仲文　陸顯之　李取進　于伯淵　岳伯川　康進之

王庭秀　費唐臣　趙子祥　石子章　李好古　狄君厚

孔文卿　姚守中　張壽卿　吳昌齡　石君寶　顧仲清

鄭廷玉　李直夫　趙文英　張國寶　紅字李二

明末鈔本錄鬼簿下卷每人小傳開首先擧其字或號次擧其名與本卷作例合以存前亦不另標姓名

錄鬼簿卷下

新編　　　不署名　古汴　鍾嗣成　編

方今已亡名公才人余相知者爲之作傳以凌波曲弔之云　此類所録共十四人

宮天挺　一

天挺字大用大名開州人歷學官除釣臺書院山長爲權豪所中事獲辨明亦不見用卒於常州先君與之莫逆交故余常得侍坐見其吟詠文章筆力人莫能敵樂章歌曲特餘事耳

一　嚴子陵釣魚臺　五本　节鳳凰樓

五　會稽山越王嘗膽

四 死生交范張雞黍

三 濟飢民汲黯開倉

二 宋仁宗御覽托公書

宋上皇御賞鳳凰樓

豁然胸次埽塵埃久矣聲名播省臺先生志在乾坤外敢嫌天地窄更詞章壓倒元白憑心地據手策數當今無比英才

鄭光祖 二

光祖字德輝平陽襄陵人以儒補杭州路吏為人方直不妄與人交故諸公多鄙之久則見其情厚而他人莫之及也病卒火葬於西湖之靈芝寺諸弔送各

有詩文公之所作不待備述名播天下聲振閨閣伶倫輩稱鄭老先生皆知其爲德輝也惜乎所作貪於排諧未免多於斧鑿此又別論焉

紫雲娘

齊景公哭晏嬰

周亞夫細柳營

李太白醉寫秦樓月

醜齊后無鹽破連環

陳後主玉樹後庭花

三落水鬼泛采蓮船舟

王太后捧印哭孺子

六　放太甲伊尹扶湯

廿四　秦趙高指鹿爲馬

九　傷梅香翰林風月

十一　醉思鄉王粲登樓

十五　周公輔成王攝政

十二　迷青瑣倩女離魂

十六　虎牢關三戰呂布

十　謝阿蠻梨園樂府

七　崔懷寶月夜聞箏

乾坤膏馥潤飢膚，錦繡文章滿肺腑，筆端寫出驚人句。番騰今共古，占詞場老將伏輸，翰林風

月梨園樂府端的是曾下工夫

金仁傑 三

仁傑字志甫杭州人余自幼時聞公之名未得與之見也公小試錢穀給由江浙遂一見如平生歡交往二十年如一日天曆元年戊辰冬授建康崇寧務官明年己巳正月敘别三月其二子護柩來杭知公氣中而卒嗚呼惜哉所述雖不駢麗而其大槩多有可取焉

七、蔡琰還朝

六、秦太師東窗事犯

五、周公旦抱子設朝

一 蕭何月夜追韓信

四 長孫皇后鼎鑊諫

三 玉津園智斬韓太師

二 蘇東坡夜宴西湖夢

心交元不問親疏契飲那能較有無誰知一上金陵路歎亡之命矣夫夢西湖何不歸歟魂來處返故居比梅花想更清癯

范康 四

康字子安杭州人明性理善講解能詞章通音律因王伯成有李太白貶夜郎乃編杜子美遊曲江一下筆即新奇蓋天資卓異人不可及也

「曲江池杜甫遊春」

「陳季卿悟道竹葉舟」

詩題鴈墖寫秋空酒滿航船棹晚風詩籌酒令閒吟詠占文場第一功埽千軍筆陣元戎龍蛇夢狐兔蹤半生來彈指聲中

曾瑞 五

瑞字瑞卿大興人自北來南喜江浙人才之多羨錢塘景物之盛因而家焉神采卓異衣冠整肅優游於市井灑然如神仙中人志不屈物故不願仕自號褐夫江淮之達者歲時餽送不絕遂得以徜徉卒歲臨終之日詣門弔者以千數余嘗接音容獲承言話勉

天一閣鈔本作錢塘人

勵之語潤益良多善丹青能隱語小曲有詩酒餘音行於世

才子佳人誤元宵

江湖儒士慕高名市井兒童誦瑞卿衣冠濟楚人欽敬更心無寵辱驚樂幽閒不解趨承身如在死若生想音容猶見丹青

沈和

和字和甫杭州人能詞翰善談謔天性風流兼明音律以南北調合腔自和甫始如瀟湘八景歡喜冤家等曲極爲工巧後居江州近年方卒江西稱爲蠻子關漢卿者是也

祈甘雨貨郎朱蛇記

徐駙馬樂昌分鏡記

鄭玉娥燕山逢故人

鬧法塲郭興阿楊

歡喜冤家

五言嘗寫和陶詩一曲能傳冠柳詞半生書法欺顏字占風流獨我師是梨園南北分司當時事子細思細思量不似當時

鮑天祐

天祐字吉甫杭州人初業儒長事吏簿書之役非其志也跬步之間惟務搜奇索枯而已故其編撰多使

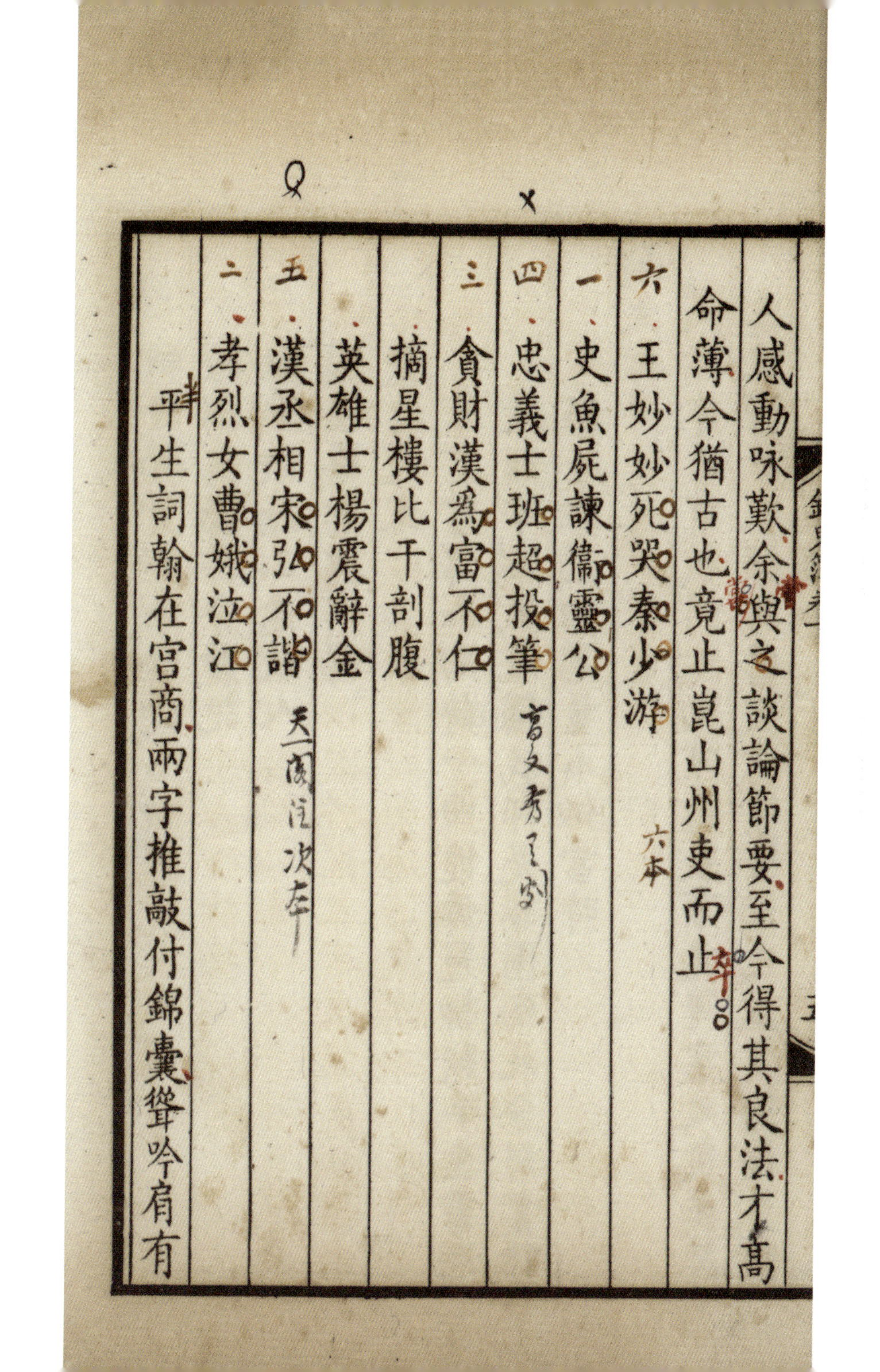

人感動咏歎余與之談論節要至今得其良法才高命薄今猶古也竟止崑山州吏而止

王妙妙死哭秦少游

史魚屍諫衞靈公

忠義士班超投筆

貪財漢爲富不仁

摘星樓比干剖腹

英雄士楊震辭金

漢丞相宋弘不諧

孝烈女曹娥泣江

平生詞翰在宮商兩字推敲付錦囊聳吟肩有

似風魔狀苦勞心嘔斷腸視榮華總是乾忙談音律論教坊唯先生占斷排場

陳以仁

以仁字存甫杭州人以家務雍容不求聞達日與南北士大夫交遊僮僕輩以茶湯酒果爲厭公未嘗有難色然其名因是而愈重能博古善謳歌其樂章間出一二俱有駢麗之句

錦堂風月

十八騎誤入長安

錢塘風物盡飄零賴有斯人尚老成爲朝元恐負虛皇命鳳簫寒鶴夢驚駕天風直上蓬瀛芝

堂靜蕙帳清照虛梁落月空明

范居中

居中字子正冰壺其號也杭州人父玉壺前輩名儒假卜術爲業居杭之三元樓前每歲元夕必以時事題於燈紙之上杭人聚觀遠近皆知父子之名公精神秀異學問該博嘗出大言矜肆以爲筆不停思文不閣筆諸公知其有才不敢難也善操琴能書法其妹亦有文名大德年間被旨赴都公亦北行以才高不見遇卒於家有樂府及南北腔行於世

向歆傳業振家聲羲獻臨池播令名操焦桐只許知音聽售千金價未輕有誰如父子才能冰

沈君美 名惠

天一閣本作彥實 按下文陳無妄字彥實 實作賓字是

接納 尤本接款

天一閣本作仁和人

如玉玉似氷暎壺天表裏澄清

施惠

惠字君美杭州人居吳山城隍廟前以坐賈爲業公巨目美髯好談笑余嘗與趙君卿陳彥實顏君常至其家每承接款多有高論詩酒之暇惟以填詞和曲爲事有古今砌話亦成一集其好事也如此

道心清淨絕無塵和氣雍容自有春吳山風月收拾盡一篇篇字字新但思君賦盡停雲三生夢百歲身到頭來衰草荒墳

黃天澤

天澤字德潤杭州人和甫沈公同母弟也風流醞藉

不減其兄幼年屑就簿書先在漕司後居省府鬱鬱不得志崑山聽補州吏又不獲用咄咄書空而已然亦竟不歸而終公有樂府播於世人耳目無賢愚皆稱賞焉

一心似水道爲鄰四體如春德潤身風流才調眞英俊軼前車繼後塵謾著天委任斯文岐山鳳魯甸麟時有亨屯

沈拱

拱字拱之杭州人天資穎悟文質彬彬然惟不能俯仰故不願仕所編樂府最多以老無後病無所歸存甫館於家不旬日而亡存甫殯送之重友誼也

掀髯得句細推敲舉筆爲文善解嘲天生才秇藏懷抱奈玉石相混淆更多逢世事咬鳴蜂爲市燕有巢弔斜陽緩走西郊

趙良弼

良弼字君卿東平人總角時與余同里閈同發蒙同師鄧善之曹克明劉聲之三先生又於省府同筆硯公經史問難詩文酬唱及樂章小曲隱語傳奇無不究竟所編梨花雨其辭甚麗後補嘉興路吏遷調杭州天曆元年冬卒於家公之風流醞藉開懷待客人所不及然亦以此見廢能裁字善丹青但以末技故不備錄

春夜梨花雨

閑中捻手刻新詞，醉後揮毫寫舊詩。兩般總是龍蛇字，不風流難會此。更文才宿世天資。感夜雨梨花夢，歎秋風兩鬢絲。佳人間能有多時。

陳無妄

無妄字彥實，東平人。與余及君卿同舍。性資沈重，事不苟簡，以苛刻爲務，訐直爲忠，與人寡合，人亦難之。公於樂府隱語無不用心。補衢州路吏，後遷婺州，陞浙東憲吏，調福建道。天曆二年三月以憂卒。其弟彥正殯葬之。樂府甚多，惜乎其不甚傳也。

府垣幾月露忠肝，憲幕冰霜豈汗顏。薏苡生讒

梨花夢天一閣本作同窗夢

路吏天一閣本作務官

天一閣本作彥文

間甘心願就閒轉回頭夢入槐安後會何時再英靈甚日還望東南翹首三山

廖毅

毅字弘道建康人泰定三年丙寅春因余友周仲彬與之會即敘平生懽時出一二舊作皆不凡俗如越調一點靈光借燈爲喻仙呂賺煞曰因王魁淺情將桂英薄倖致令得潑煙花不重俺俏書生發越新鮮皆非蹈襲天曆二年春抱疾喪於友人江漢卿家漢卿與黃煥章買棺具殮名其親來火葬城外寺中公能書善行文不草率題伍王廟壁有折桂令一曲及有絶句浩浩凌雲志巍巍報國心忠魂與潮汐萬古

不消沉其感慨激烈徒憎悵怏噫天之生物也裁成輔相以左右民奈何如是之偏戾也人猶有所憾者良以此夫

人間未得注金甌天上先教記玉樓恨蒼穹不與斯人壽未成名一土丘歎平生壯志難酬朝還暮春又秋爲思君淚滿鸘裘

喬吉甫

諱甫字夢符太原人號笙鶴翁又號惺惺道人美容儀能詞章以威嚴自飭人敬畏之居杭州太乙宮前有題西湖梧葉兒百篇名公爲之序江湖間四十年欲刊所作竟無成事者至正五年二月病卒於家

三 怨風月嬌雲認玉釵　八本

四 杜牧之詩酒揚州夢

七 玉簫女兩世姻緣

△死生交托妻寄子

五△馬光祖勘風塵情

八 荊公遺妾

一 唐明皇御斷金錢記

六△節婦牌

△賢孝婦

△九龍廟

二 燕樂毅黃金臺

平生湖海少知音，幾曲宫商大用心。百年光景還爭甚，空嬴得雪鬢侵。跨仙禽路遶雲深。欲挂墳前劒，重聽膝上琴，漫攜琴載酒相尋。

睢景臣

景臣後字景賢，大德七年公自維揚來杭州，余與之識。自幼讀書，以水沃面，雙眸紅赤，不能遠視。心性聰明，酷嗜音律。維揚諸公俱作高祖還鄉套數，惟公哨遍製作新奇，皆出其下。又有南吕一枝花題情云：人間燕子樓，被冷鴛鴦錦；酒空鸚鵡盞，釵折鳳凰金。亦爲工巧，人所不及也。

千里投人

一 鶯鶯牡丹記

楚大夫屈原投江

吟髭撚斷爲詩癡醉眼慵開爲酒酡半生才便作三閭些歎番成薤露歌等閒間蒼鬢成皤功名事歲月過又待如何

吴本世

本世字中立爲杭州天資明敏好爲詞章隱語樂府有本道齋樂府小藁及詩謎數千篇以貧病不得志而卒嗚呼惜哉

語言辯利掃千兵心性聰明誤半生萊蕪窮又染維摩病想天公忒世情使英雄遺恨難平寒

泉淨碧藻馨敢薦幽冥

周文質

文質字仲彬其先建德人後居杭州因而家體貌清癯學問該博資性工巧文筆新奇家世儒業俯就路吏善丹青能歌舞明曲調諧音律性尚豪俠好事敬客余與之交二十年未嘗跬步離也元統二年六月余自吳江回公已抱病盛暑中止以爲癰癧之毒而不經意也醫足踵門病及五月而無瞑眩之藥十一月五日卒於正寢嗚呼痛哉始余編此集公及見之題其姓名於未死鬼之列嘗與論及亡友未嘗不握手痛惋而公亦中年而歿則余輩衰老萎懦者

以久於人世也歟噫往者不可追來者不可期已而已而此余深有感於公也

孫武子教女兵

春風杜韋娘

持漢節蘇武還鄉

敬新磨戲諫唐莊宗

丹墀未叩玉樓宣黃土應埋白骨冤羊腸曲折雲千變料人生亦惆然歎孤墳落日寒煙竹下泉聲細梅邊月影圓因思君歌舞十全

已死才人不相知者

胡正臣

羣玉○疑即樂府羣玉 天一閣抄本叢珠○據天一閣本吳仁卿條云亦有所編曲海叢珠 賈仲明弔詞亦云錦樂府天下盛行曲海叢珠 宜縷新聲叢珠似是選本或仁卿與存善合作或此叢書另是一書俟考

胡正臣杭州與志甫存甫及諸公交遊董解元西廂記自吾皇德化至於終篇悉能歌之至於古之樂府慢詞李霜涯賺令無不周知辭世已三十年矣士大夫想其風流醞藉尚在目前其子存善能繼其志小山樂府仁卿（吳弘道）金縷新聲瑞卿（曹瑞）詩酒餘音至於羣玉叢珠（林）裒集諸公所作編次有倫及將古本。直取潭州易氏印行元文。讀無訛盡於書坊刊行亦士林之翹楚也余嘗言之人孰無死死而有子人孰無子如胡公之嗣若敖氏之鬼不餒矣

李顯卿 天一閣本無

顯卿東平人以父爲浙省掾因居杭焉自幼粗涉書

史酷嗜隱語遂通詞章作賺煞成。。篇總而計之四百樂章稱是至正辛己以廕父職錢穀官由台州經慶元會余别後遂無聞久之不祿矣

王思順

王思順有題包巾及鏡兒縷帶等套數皆出人意表

蘇彥文

蘇彥文有地冷天寒越調及諸樂府極佳

屈彥英

屈彥英字英甫編一百二十行及看錢奴院本等

李齊賢

李齊賢與余同窗友後不相聞亦有樂府播傳

李用之 天一閣本下 十五上

李用之淞江人有戲謔樂府極多

劉宣子 天一閣本下 九上

劉宣子字叔昭與余同窗後不相會故不知其詳所編

樂府甚多（永以高才見賞）補淮東憲司書吏卒

顧廷玉 天一閣本下 十五上

顧廷玉淞江人有樂府

俞仁夫 天一閣本下 十五上

俞仁夫杭州人有樂府

張以仁 天一閣本下 十五上

張以仁湖州人有樂府甚麗

右所錄若以讀書萬卷作三場文占奪巍料首登甲第者世不乏人其或甘心岩壑樂道守志者亦多有之但於學問之餘事務之暇心機靈變世法通疏移宮換羽搜奇索怪而以文章爲戲玩者誠絶無而僅有者也此哀誄之所以不得不作也觀者幸無誚焉

方今才人相知者紀其姓名行實并所編

黃公望

公望字子久乃陸神童之次弟也係姑蘇琴川子游巷居髫齔時螟蛉温州黃氏爲嗣因而姓焉其父年九旬時方立嗣見子久乃云黃公望子久矣先充浙

西憲令以事論經理田糧獲直後在京爲權豪所中改號一峰原居淞江以卜術閒居目今棄人間事易姓名爲苦行淨堅又號太癡翁公望之學問不待文飾至於天下之事無所不知下至薄技小藝無所不能長詞短曲落筆即成人皆師尊之尤能作畫

吴仁卿

仁卿字弘道號克齋先生歷仕府判致仕有金縷新聲行於世亦有所編傳奇

子房貨劔

火燒正陽門

醉遊阿房宮

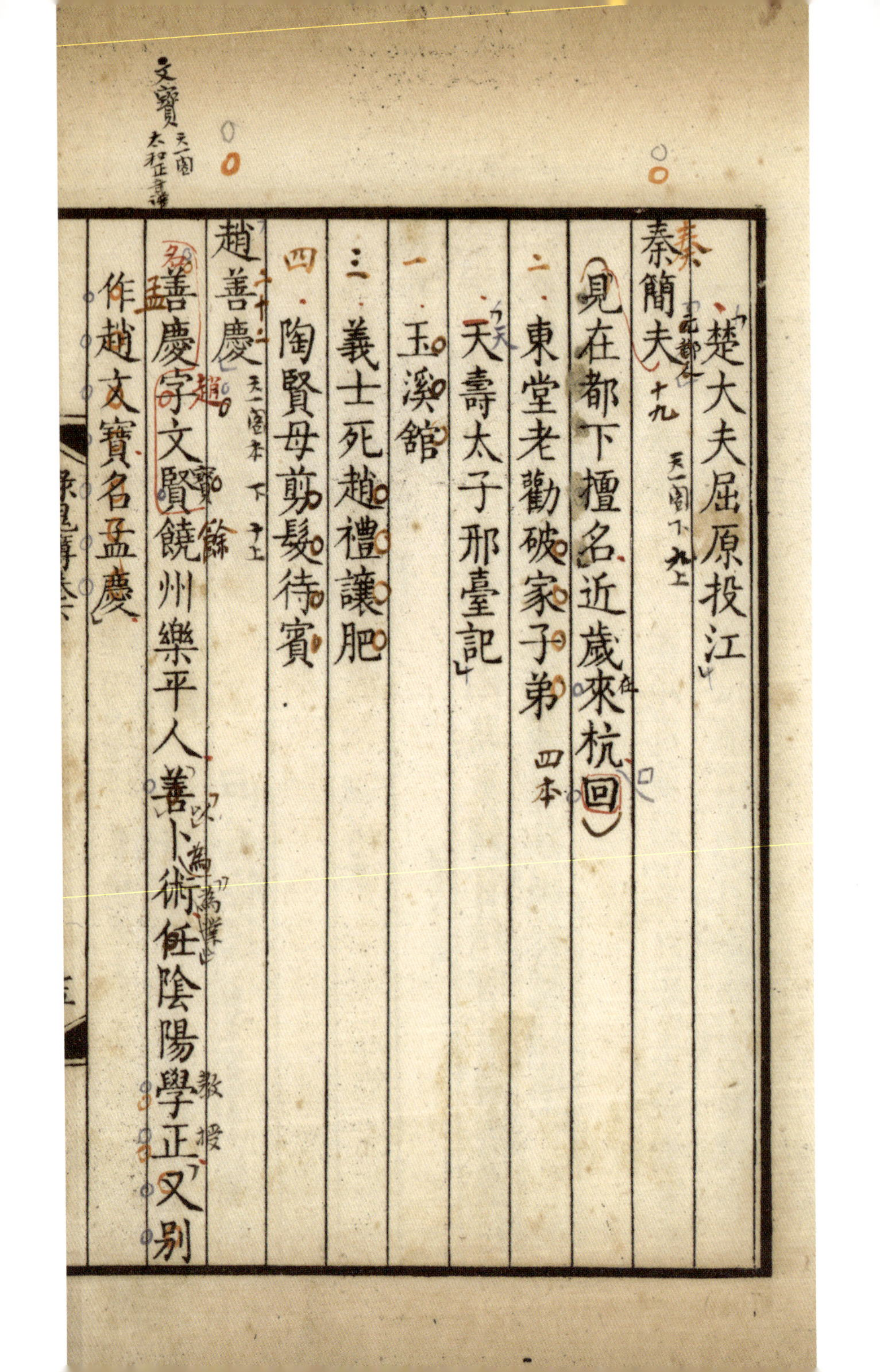

楚大夫屈原投江

秦簡夫

見在都下擅名近歲來杭回

二、東堂老勸破家子弟

天壽太子邢臺記

一、玉溪館

三、義士死趙禮讓肥

四、陶賢母剪髮待賓

趙善慶

善慶字文賢饒州樂平人善卜術任陰陽學正又别

作趙文寶名孟慶

孫武子教女兵

唐太宗驪山七德舞

醉寫滿庭芳

村學堂

燒樊城糜竺收資

張可久

可久字小山慶元人以路吏轉首領官有樂府盛行於世又有吴鹽蘇堤漁唱等曲編於隱語中

錢霖

霖字子雲淞江人棄俗爲黄冠更名抱素號素菴類諸公所作曰江湖清思集其自作樂府有醉邊餘興

詞語極工巧

徐再思

再思字德可嘉興人好食甘飴故號甜齋有樂府行於世其子善長頗能繼其家聲

顧德潤

德潤字君澤道號九山淞江人以杭州路吏遷平江自刊九山樂府詩隱二集售於市肆

曹明善

明善衢州路吏甘於自適今在都下有樂府華麗自然不在小山之下即賦長門柳二詞者

汪勉之

勉之慶元人由學官歷浙東帥府令史鮑吉甫所編

曹娥泣江公作二折樂府亦多

屈子敬

子敬英甫之姪與余同窗有樂府所編有田單復齊等套數以學官除路教而卒樂章華麗不亞於小山

田單復齊

孟宗哭竹

敬德撲馬

昇仙橋相如題柱

宋上皇三恨李師師

高克禮

克禮字敬德號秋泉見任縣尹小曲樂府極爲工巧人所不及

王庸

庸字守中歷蘆花塲司令其製作清雅不俗難以形容其妙趣知音者服其才焉

蕭德祥

德祥杭州人以醫爲業號復齋凡古文俱隱括爲南曲街市盛行又有南曲戲文等

四春園

小孫屠

王翛斷殺狗勸夫

四大王歌舞麗春園

包待制三勘蝴蝶夢

陸登善 一云姓陳

登善字仲良祖父維揚人江淮改浙江其父以典掾來杭因而家焉爲人沉重簡默能詞能謳有樂府隱語成集

開倉糶米

張鼎勘頭巾

朱凱

凱字士凱自幼孑立不俗與人寡合小曲極多所編昇平樂府及隱語包羅天地謎韻皆余作序

孟良盜骨殖

黄鶴樓

王曄　天一閣本下　十四上

曄字日華，杭州人。體豐肥而善滑稽，能詞章樂府。臨風對月之際，所製工巧，有與朱士凱題《雙漸小卿問答》，人多稱賞。

臥龍岡

雙賣華

破陰陽八卦桃花女

王仲元　天一閣本下　十六

仲元，杭州人。與余交有年矣。所編《于公高門》等，著皆佳

東海郡于公高門

袁盎却坐

私下三關

吴朴　天一閣本下　十四下

朴字純卿平江人余至姑蘇與公相識所作工巧平江之自是者好貶人故不多出恐受小人之謗也

孫子羽　二十三　天一閣本無此人

子羽儀真人

杜秋娘月夜紫鸞簫

張鳴善　二十四　天一閣本無此人　續編五上出張鳴善云北方人號頑老子有英華集行于世蘇昌齡楊薦夫袂手服其才曲選十八公子大鬧草園閣與此所系亦异又知是一人否

鳴善揚州人宣慰司令史

包待制判斷煙花鬼

黨金蓮夜月瑤琴怨

右當今名公才調製作不相上下蓋繼乎前輩者半爲地下修文郎矣其聲名藉藉乎當今者後學之士可不斂衽而敬慕焉歲不我與急爲勉旃雖然其或詞藻雖工而不欲出示或妄意穿鑿而亟欲傳梓政猶匿稅之物不經批驗者其何以行之哉故有名而不錄

方今才人聞名而不相知者

高可通

有小曲行於世者極多

董君瑞

眞定冀州人隱語樂府多傳於江南（天一閣本下 十五下）

李邦傑（天一閣本下 十五下）

有隱語樂府人多傳之

高安道（天一閣本下 十五下）

有御史歸莊南呂小曲「破布衫哨遍等曲行于世」

已上有聞者止如此蓋有一鄉之士一國之士天下之士名譽昭然者自鄉及國可及天下矣故無聞者不及錄

錄鬼簿卷下畢終

後序

文以紀傳，曲以弔古，使往者復生，來者力學。鬼簿之作，非無用之事也。大梁鍾君，名嗣成，字繼先，號醜齋。善之鄧祭酒、克明曹尚書之高弟。累試於有司，命不克遇；從吏則有司不能辟，亦不屑就，故其胸中耿耿者，借此為喻，實為已而發也。樂府小曲，大篇長什，傳之於人，每不遺藁，故未能就編焉。如馮諼收券、詐遊雲夢、錢神論、斬陳餘、章臺柳、鄭莊公、蟠桃會等，皆在他處按行，故近者不知，人皆易之。君之德業輝光，文行浥潤，後輩之士，奚能及焉。噫！後之視今，亦猶今之視昔也。日居月諸，可不勉旃。

至順元年九月吉日朱士凱序

余僻居慈谿小縣每歎孤陋側聆繼先鍾先生大名久矣莫遂荆識丁丑孟秋一日邂逅於東臯精舍忽忽東之鄮城至中秋復回谿上示予以親編錄鬼簿皆本朝顯宦名公詞章行於世者恐後湮没姓名故編排類集記其出處才能於其前度以音律樂章於其後千萬載之下知其爲何心直欲俾其爲不死之鬼也先生之用心誠可嘉尚於其行遂歌湘妃曲以贈别

高山流水少人知幾擬黃金鑄子期繼先既解其中意恨相逢何太遲示佳篇古怪新奇想達士無他事錄名公半是鬼歎人生不死何歸

慈谿郜元長德善頓首

想開元朝士無多觸目江山日月如梭上苑繁華西湖富貴總付高歌麒麟塚衣冠坎坷鳳凰臺人物蹉跎生待如何死待如何紙上清名萬古難磨

周誥題

右折桂令

何人千古風騷如意珊瑚弱水鯨鰲紙上功名曲中恩怨話裏漁樵歎霧閣雲牕夢杳想風魂月魄誰招裏驪珠淚冷鮫綃續鵾絃指凍鸞膠傳芳名玉兔揮毫譜遺音彩鳳銜簫

至正庚子七月八日西清道士朱經仲義題

余自幼性好抄錄書字雖不端楷然見一奇書異典務

必求假而錄之雖大寒暑中亦不憚勞此本昔見於核菴王老先生處即就假錄焉藏之書篋以見前輩之風流雅趣耳近一友人借去至於取索則再四不肯相復余謂斯行實非君子之所爲其得罪於聖賢玷累於德行多矣第不欲顯其姓字耳今偶得鄉人太常陳生藏本又重錄之假書君子當以顏氏家訓爲戒毋學斯人之行也歟

洪武戊寅歲端陽越三日吳門生識

余雅欲觀元人傳奇詞曲偶得是帙中多載其名目不計姸醜聊爲錄之間有不成語處幾欲輟筆爲所錄且半遂卒業焉牛溲馬浡醫者不棄亦竊附此義云

萬曆甲申陽月甲子夢覺子漫識

棟亭藏本丙戌九月重刻于揚州使院

民國二十五年十二月五日假東方文化事業委員會藏鈔本錄鬼簿校一過 鈔本首頁有海寧陳鱣觀印一蓋陳仲魚所藏本 其中有用朱筆補字以○識之 然所補均已見刊本 至文字之異諸鈔本可以正刊本之誤者不少 疑即王國維先生所記

明季精鈔本者是也　楷第記

趙斐雲云此鈔本乃戴光曾手鈔本戴字松门乾嘉時人籍嘉興所鈔書甚多陳鱣觀一印係偽作静安先生目為明季鈔本誤也

民國二十七年冬託人向东方圖书館借得尤貞起抄本擬取以校曹本因循數月久未着手今以首校完其本勝于戴校本　廿八年五月九日記

明抄說集與尤抄本同時借来久之未勘今以一日半之力校一过此本不分上下卷曹本下卷諸人此所录僅二十四人遺漏太多恐係節本也　二十八年五月十二日校記

曹本下卷說集本錄二十四人其次序如左.

宮大用　鄭德輝　金志甫　范子安　曾瑞卿

沈和甫　鮑吉甫　陳存甫　范冰壺　沈君美

趙君卿　睢景臣　周仲彬　黄德润

王思順　屈英甫

曹子久　秦簡夫　吳仁卿　張小山　喬夢符

趙文宝　孫子羽　張鳴善

孫楷第四色批校録鬼簿